# 禪修

# HOW TO MEDITATE
## A PRACTICAL GUIDE

# 開始學習

—— 凱薩琳·麥唐諾 Kathleen McDonald 著 —— 別古 譯 ——

謹將此書獻給我的父母，
他們給我的幫助是如此豐富。
願他們能於自身尋得究竟的平安。

# 目次

# 前言

《開始學習禪修》首次出版是在二十多年前，當時西方世界對禪修的認識並不普遍，修練的人不多，這方面的書籍也少。如今情況已不同了。有數以百萬計的西方人常態性的禪修；醫師把禪修視為一種處理疼痛、心臟病、癌症、憂鬱症等問題的方式，當成處方提供給患者；科學家也在研究禪修對於腦部和免疫系統的影響；談禪修的書、錄音帶、光碟、網站多達數十種，許多城市都有開設禪修的課程。

本書受歡迎的程度頗令人驚訝：重刷十七次，翻譯成九種語言。一直以來，總有人跟我表示這本書對他們修行上及佛法與禪修的了解上所提供的幫助。此版不改初衷，目的仍是想提供當今世人一座橋樑，好進入這扇佛陀所教導、過去兩千五百年來在亞洲發展已日趨成熟的禪修藝術之門。儘管這些年來科技已有長足進步，但佛陀用以釋放內在潛能、獲致真正長久的身心健康的方法，仍頗具力量，依然合用。

本書所說的禪修方式多數來自藏傳大乘佛教，有些來自南亞的南傳佛教，還有些則是根據佛學主題觸機寫成的。我努力以簡單清楚的方式加以說明，盡可能避免使用術語，藉此讓大家明白佛法其實既實用又踏實，並非枯燥的哲學思想，也非僅是來自異國的信仰。對於親身體驗禪修的重要性，則是一以貫之的加以強調，好讓禪修能為讀者在想法、情感面、行動面帶來實質的改變。

第一部〈心和禪修〉是打基礎，談談大家從事禪修的原因和可獲得的益處。第二部〈開始進行禪修〉提供初學者基本的背

景知識及建議。其他篇幅便是談實際的禪修方法，分四個部分：
〈心的禪修〉，〈分析式禪修〉，〈觀想式禪修〉，〈祈請文與其他
虔誠修行法〉。每個方法之前都先以短文介紹背景，說明修行的
益處、最佳的修行方式，以及如何實際應用在生活上。最後則是
用語的彙整解說和建議書單。

　　在這一版中，我對多數禪修方法都做了修訂，並增加新法：
有對業力的禪修、淨化惡業、修悲心與施受法，還有藥師佛的。
雖說進行了修訂，並不表示原來的版本有誤，純粹只是感到可以
略加改良，畢竟我在修練與教學上又多了二十年的經驗。


## 【致謝】

　　我在佛法及禪修方面所知的一切，都是從仁善慈悲的老
師們那裡學到的，特別是這幾位．圖敦．耶喜喇嘛（Thubten
Yeshe）、梭巴仁波切（Zopa Rinpoche），法王達賴喇嘛，那
旺．達耶（Ngawang Dhargyey）格西，簡帕．帖恰（Jampa
Tegchog）格西，還有禮布仁波切（Ribur Rinpoche）。

　　由於許多人的努力，本書才得以問世。我要感謝溫蒂．芬
絲特（Wendy Finster），因為本書是由她的著作《大乘修行手
冊》（*Handbook of Mahayana Practices*）演變而成的；也要感
謝圖敦．汪模（Thubten Wongmo）、瓊．藍道（Jon Landaw）
和 T ．耶喜（T. Yeshe）一開始所做的編輯與翻譯工作；尼克．
李布西（Nick Ribush）、耶喜．卡卓（Yeshe Khadro）、圖
敦．潘德（Thubten Pende）、史帝．卡里爾（Steve Carlier）、

洛林・李茲（Lorraine Rees）、彼得・李茲（Peter Rees）、詹姆・潘恩（James Payne）、提姆・楊（Tim Young）、簡・寇汀（Jan Courtin）、馬修・哈里斯（Marshall Harris）、莎拉・索雷瑟（Sarah Thresher）、卡林・蔡弗傑（Karin Zeitvogel）、多傑帕摩尼院的諸尼師所給的寶貴意見；還要謝謝智慧出版公司（Wisdom Publications）的大衛：基德斯東（David Kittelstrom）、提姆・馬尼爾（Tim McNeill）以及所有的人；最後則要感謝我的編輯羅比娜・寇汀（Robina Courtin），她和我一起重新塑造《開始學習禪修》並重寫，盡力讓兩個版本都能達到清楚實用的地步。

開始學習禪修

# 1

# 心和禪修的關係

# 為什麼要禪修？

　　每個人都想要快樂，但真正找到的人似乎很少。我們為了尋求滿足，從一段關係換到另一段關係，不停的轉換工作跑道，甚至從這個國家移民到另一個國家。我們學習美術和醫學；受訓以便當網球選手或打字員；或者生孩子、參加賽車、出書、種花。我們花錢買電玩、行動電話、iPod、掌上型電腦、舒適的傢俱，還要享受個陽光假期。或者，試著回歸自然，吃健康食品，練瑜伽，以及禪修。我們所做的這一切，幾乎都是為了找到真正的快樂及避免受苦。

　　尋找快樂並沒有錯，以上的嘗試也沒有錯，問題在於，我們把浪漫的關係、擁有的物品、探險的歷程，都當成具有滿足性的事物，以為這些便能帶來快樂，實際上卻不能，因為這些事物都無法長久。事物在本質上會不斷變化，且終究會消失的；不管是我們的肉身、朋友、所擁有的一切、大自然，皆是如此。我們依賴無常的事物，依附這些事物所帶來如彩虹乍現般的短暫快樂，最後只能懷抱哀傷和失望，而非歡喜與滿足。

　　我們的確可以從身外之物體驗到快樂，但這種快樂並不能帶來真正的滿足，也無法藉此擺脫自身的難題。在品質上，這種快樂只能列為低等，既不可靠，也不長久。但這並不是說如果想要快樂，就該捨棄朋友和所擁有的東西。我們該捨棄的是對他們的誤解，以及對他們能為我們做到的事抱著不合情理的期待。

我們不但將這一切視為會一直存在，並認為可以帶來滿足；甚且，我們所有問題的根源，即在於對事實所抱持的看法，根本是錯誤的。我們基於直覺而相信人與事物本來就存在，有自己的性質，且自行出現，具備固有的本質和內在的實質。也就是說，我們將事物看待為內在具有某些自然即有的特性，認為事物本身便是好或壞，便是有或沒有吸引力。這些特性似乎本來就存在於事物中，可以獨立於我們的觀點及其他事物之外。例如，我們可能認為巧克力原本就很好吃，或成功這件事本來就可帶來滿足。如果事情真如我們所想的那樣，就永遠不會有失望，總能提供歡笑或滿足，且所有人都有相同的感受。但事實上呢？

錯誤的看法有時會深植人心，成為習慣的一部分，為我們在世間的所有關係及所做的事都抹上顏色。我們很難去質疑所看到的事物是否真是實際存在的樣子，但若能試試看，就會清楚發現到我們眼中的事實，其實是扭曲而偏頗的；也會發現，從事物身上所看到的好與壞等特性，實際上是心所產生且投射出來的。

根據佛教的說法，的確有長久可靠的快樂，且所有人都擁有感受這種快樂的潛能。快樂的肇因就潛藏在我們心裡，住在任何角落、過著任何生活方式（像是住在城市裡，每天工作八小時，有一家子人要養，將週末花在遊玩之類的生活）的任何人，都可經由修練來獲得快樂。

藉由禪修，我們可以學習在任何時候、任何狀況（即使是艱難痛苦的狀況），都能快樂。當我們學到某種程度後，便可擺脫像是不滿足、憤怒、焦慮等會造成問題的狀態。最後，當了解到

事物實際存在的道理時，根本上導致各種擾人狀態的源頭也將完全掃除，不再出現。

## 心是什麼？

　　心，或稱為意識，是佛法的核心所在，也是修行的重點，過去兩千五百年來許多禪修者都曾對心做深入探索，把心當作媒介以超越生命難能滿足的狀態，臻於極致的平安。據說所有的快樂，不論平凡或高超，都是由於了解及改變自己的心才能獲致。

　　心是不具實體的能量，功能是去認識和體驗。心即覺知，本質上是清明的，會反映出所有經驗到的事物，猶如平靜的湖面映照出周遭的山嶺與樹林一樣。

　　每一刻，心都在改變，是沒有開頭的一股連續之流，就像常流的溪澗：前一刻的心帶出這一刻的心，這一刻的心帶出下一刻的心，如此循環不已。心是我們給有意識與無意識這個整體經驗所起的總名：每個人都是自己世界的中心，而這個世界是由想法、看法、感覺、記憶、夢想中構成這些就是心。

　　心並不是具有想法及感覺的實體；心就是這些經驗。既然心不具有實體，便與身體不同，不過身與心卻又相連相依。心，也就是意識，是由微弱的實體能量（參考第 180 頁）帶到身體各處，同時主宰行動及維生的功能。這種關係可以解釋一些狀況的原因，譬如身體病痛會影響心神狀況，也解釋了心態會讓身體出現問題或使其療癒的情形。

　　我們可以把心比作大海，內心一時的狀況，如快樂、惱怒、

幻想、無趣，可以比喻為海面起伏的波浪。正如波浪終會消退，大海深處的沈靜因而得以顯露；同樣的，若心的騷亂能獲得平靜，本來自然的清明便得以出現，而這是可能做到的。

能做到這點，便是心本身；而打開心門的鑰匙，便是禪修。

# 什麼是禪修？

　　想調伏我們的心，讓心對實相有恰當的理解，絕非易事，需要逐步而緩慢的過程：要仔細地聽，注意看心所發出的各種說法及事物的本質，對此加以思考，謹慎分析，最後，則以禪修來修心。

　　心分為官能意識，也就是視覺、聽覺、嗅覺、味覺、觸覺，以及心神意識。心神意識包含了大如憤怒或慾念之類的經驗，小到最細微層次的全然靜止及清明，也包括智能上的過程、情感、情緒、記憶和夢。

　　禪修屬於心神意識的活動。禪修時，心神的一部分對其餘部分進行觀察、分析、處理的活動。禪修有許多型態：將專注力單一集中於某個（內在）對象上，或試著理解某個私人難題，或為全人類開發出令人喜悅的愛，或向虔敬的對象祈禱，或與自己內在的智慧進行交流。禪修的最終目標都是要喚醒意識當中極幽微的層面，再以此層面來從事直接而直覺式的實相發現之旅。

　　這種對於事物直接而直覺式的覺察力，若能與對眾生的慈心和悲心一起出現，就是我們所知的證悟（enlightenment），也就是大乘佛教修行的最終成果。獲此成果的目的，同時也是驅策所有修行的動力，在於幫助別人也獲此成果。

　　禪修的藏文意思是「熟悉」。心念中所出現的，通常是最熟悉的東西。若有人以不和善或不尊重的方式對待我們，我們會立

刻感到受傷或生氣的原因，就是由於這些反應是我們最熟悉或已成為習慣的。佛教的禪修讓我們熟悉心的正面狀態，如慈心、悲心、忍耐、平靜、智慧，於是這些狀態會越來越自然且自發地出現，讓我們在遭遇不和善或有敵意的人時，較能保持冷靜與忍耐，甚至能以悲心來回應。

由於存在許多對於禪修的誤解，所以先來談談「禪修不是什麼」或許是個好主意。首先，禪修並非身體方面的活動：並不單純只是以特定姿勢坐著，或以特定方式呼吸，也非為了得到官能上的愉快體驗。禪修是心的活動，是為了轉變心的狀態，讓心能更朝向正面而做的活動。儘管在安靜的地方禪修會有比較好的結果，不過在嘈雜的環境中、工作時、走路時、搭公車時或煮飯時，仍可以進行禪修。有位禪修的西藏人在砍柴時了悟空性，另有一位則在打掃老師房間時獲致能專注於單一對象的注意力。

剛開始，我們試著以正式的禪修練習來學習，以開發出禪修的心神狀態。等到熟練後，就可較不拘形式地發揮創造力，讓自己隨時隨地可進入狀態，屆時，禪修便已成為生活的一部分。

禪修在不同的文化有不同的修行方式，但都有個單純的共同原則：讓心熟悉正面、有益的狀態。不論是東方人或西方人，每個人的心都有相同的基本構成元素和經驗，也有相同的根本問題，以及潛能。

禪修並非要讓人做白日夢或逃避。事實上，禪修是要讓人完全誠實地面對自己：好好看看自己是什麼樣子，並妥善處理，讓自己能夠更正向，且對己對人都更有益處。心有正的面向，也有

負的面向。負面向指的是心神失常的狀態，或者更直接地說，就是誤解，包括妒忌、憤怒、慾念、自豪等等，都是因為我們對實相有誤解或習慣性固著自己看待事物的方式而產生。進行禪修，可以看出自己所犯的錯，並調整心的狀態，以更符合實際而誠實的方式來思考及回應。

想達到最終目標——開悟，需要長時間的投入。但禪修時，心裡若能記得這項目標，或許在短期內就能帶來巨大的益處，這確實有可能發生。隨著軟化心中原本堅實的實相樣貌，同時培養出較為正向且符合實際情況的自我形象，我們也就能比較自在，不會憂心忡忡；學習不對周遭的人事物抱持著不實際的期待，也就較不會失望，這樣，人際關係將獲得改善，生活也更穩定滿足。

但請記得，要戒除舊習慣並不容易，單是要看出憤怒與妒忌的所在，就已是難事一樁，若還要付出努力把如浪潮般的陳年熟悉感覺一一擋掉，或分析其中的前因後果，能做到的人就更少了。修心是一個緩慢而漸次的過程，在其中，我們將來自直覺的有害習慣一點一點的剔除，並「漸漸熟悉」那些必定會為己為人帶來正向結果的習慣。

禪修有許多方法，但根據西藏的傳承，所有的方法都歸類為兩種：止與觀。

## 止的禪修

一般來說，此類禪修可用來加強注意力，最終目標是讓心居

於平靜（梵文 *shamata*，即奢摩他，或三昧，或止），這是一種特別的專注狀態，人可持續專注於想專注的任何對象，不論多久都行，同時還可體驗到至樂、清明、安詳。如果想要有能力獲致任何真實長久的洞見及轉變自己的心，必須先做到專心及居於平靜。在修練「止」上，我們學著把注意力無間斷的放在某個對象上——呼吸、自心的本性、某個概念，或某個觀想的形象。

　　無間斷的專注狀態跟心平日的情形恰恰相反。若能花點時間往心裡看，你會發現自己的心念從一件事跳到另一件事：稍後要做的某件事、外頭的某個聲音、某位友人、稍早發生的事、身體的某種感覺、來杯咖啡的念頭。我們不必對心發話：「思考！」或「感覺！」心便總是忙碌地做著事，自有一股氣力。

　　心處在如此散亂而不受節制的狀態下，做什麼事都很難有成就，不論是要記住電話號碼、煮頓飯或經營公司都很難。倘若不能專心，想藉由禪修而有所收穫，當然也不可能。

　　「止」的禪修並不容易修練，但若要調伏自心又得去做。雖然全時禪修者會培養集中於單一對象的注意力，以及平靜的能力，但我們無須到山裡頭閉關方能體驗此種禪修的益處：即使在日復一日的城市生活中，只需每天進行常態性「止」的禪修十到十五分鐘（例如，第 46 頁的「觀呼吸」禪修法），也能培養專注力。這樣一來，便會立即帶來天寬地闊的感受，也讓我們在禪修時和之後的時間裡，能夠更清楚看出自心運作的情形。

## 分析式禪修（「觀」）

這種禪修的目的是要開發洞察力，或者說正確理解事物道理的能力，最終獲致某種特別的洞察力（梵文 *vipashyana*，內觀，或覺知，或觀），以看到萬物的究竟本性。分析式禪修將創造性智能帶進來，這對我們在禪修能力上的開發來說不可或缺，因為要獲致真正的洞察力，第一步就是先從概念上理解事物的道理。概念上清楚了，便可發展為堅定的信念，再與「止」的禪修結合，便可帶來直接而直覺的認識。

然而，在我們能「認識事物的道理」之前，要先辨認出自己想法的錯誤之處。運用清晰深入的思考來分析，可以清楚的看出自己在態度及行為模式上的錯綜複雜，然後能夠漸漸掃除那些為己為人帶來不快的想法、感覺和主意，並在這之上，培養可帶來快樂與平安的想法、感覺和主意。

比如說，因果關係的實相（目前所經歷的是過往行動所帶來的結果，也是未來經歷的肇因），或萬物皆無自性的事實，我們都可用分析式禪修來加以熟悉。對於耐性的好處及憤怒的壞處，或悲心的開發價值，以及別人的善意，也可進行禪修來加以逐點分析。

從某種意義上說，分析式禪修是在做密集研究的工夫。然而，從這些禪修中所獲致的概念層次較為精微，也比平日的想法更具影響力。由於感官不像平日般被狂亂的訊息密集轟炸，因而能更專心，培養對於自心運作狀況更細緻的敏感度。

　　分析式禪修也可應用在自我療傷。耶喜喇嘛曾說：「每個人都應該認識自己的心；大家都應成為了解自己心理的專家。」當我們有了狀況，或者情緒上焦躁不安時，可以坐下來，進行幾分鐘的「觀呼吸禪修」，讓心能夠安靜下來。接著，把自己的想法與情緒的距離稍為拉開，試著了解情況。「我心裡出現的這些想法屬於哪一類？出現的是哪些情緒？」若能讓自己處於禪修所構築出來的平靜而清明的空間裡，不但較容易辨認出思考上出錯的地方，也較容易將性靈方面與修行時所學的較符合實際且有益的想法帶進來，以調整心念。

　　有些人認為所有的禪修都屬於「止」或單點式，或者認為禪修時，心裡不該存在任何想法及概念。這並不正確。因為單點式禪修並不是唯一的禪修方式，若能運用得當，想法與概念也可在心的正向轉變上扮演關鍵角色。我們的問題及困擾的核心，包含了與實相相關的誤解概念，而唯一能擺脫這些概念的方法，就是先以分析式禪修把這些辨認出來，並加以轉變；然後以「止」把注意力聚焦於這些新洞見上，這樣，心便會對這些洞見得到全面而縱深的熟稔。以上正是心出現真實持久轉變的過程。

　　所以，「止」及分析式禪修彼此互補，因此可在同一節練習中出現。舉例來說，進行「對空性的禪修」時，我們用所聞所讀而得到的資訊，加上自己的想法、感覺、記憶的內容，以分析禪修的對象（空性）。到某個時點，與空性相關的直覺體驗或信念會出現，這時，便不應再進行思索，而要將單一注意力放在這種感受上，而且愈久愈好。我們讓心浸潤在此體驗中，等到感受消

褪後，可以再進行分析，或者結束禪修。

　　將這兩類禪修法結合，能夠讓心與禪修的對象在根本上合而為一。愈是專心，所得洞見的層次就愈深。對於任何我們想了解的事物，都需重複以上程序，才能將所得的洞見轉變為實際的體驗。

　　修練如「觀呼吸」的「止」禪時，若能加上一些純熟的分析，也會有較好的效果。當我們開始禪修時，應先檢視自己的心神狀態，釐清修練的動機，這牽涉到分析式思考。禪修過程中還可能遇到特別難以專心的情況，這時，花點時間來分析這種狀況將有幫助，之後再把心放回呼吸上頭。禪修過程中，做一下檢查有時也有幫助，以確定自心真的在做該做的事，而非處於白日夢的狀態。

　　本書的禪修方法分為四部分。第一部分「觀心」有三種方法，有助於開發對心的覺知度。觀呼吸（也常稱為「正念禪修」）主要用在穩定心神，以呼吸作為專注的對象，初學者最好以這個方法作為修行的起頭，因為可以撫平心神，能夠將心的運作方式看得更清楚。

　　此部分的其他禪修法則可用來開發對於心的清明本質、無始性與連續性，而所有方法都用到止與觀。

　　第二部分「分析式禪修」有十一種方法，用以檢視並分析我們對事物存在的道理，以及對生命、死亡、苦痛、悲心這些主題的種種假設；最後一種方法則對日常生活中負能量的處理提供了建議。若你只是想學習用觀呼吸禪修法來舒緩你的心，或許會覺

得自己還沒準備好要在正式禪修中處理上述主題；不過，即使只是瀏覽一次這個部分的內容，也能得到許多足供深思的材料。

再來則是「觀想式禪修」：介紹了密續的金剛乘修行所用的五種觀想方法，這些方法都同時結合了止與觀。

本書最後一部分是「祈請文與其他虔誠修行法」，包含數種禪修方法與祈請文，以及其他的修行方法。

進行時，速度要慢，等心理準備好了再開始新方式的修行，這兩點都很重要。嘗試去修練看起來怪異、複雜或用意不明的禪修方法，其實毫無意義，反而是守著一兩種你真能體驗到好處的方法會更好些。

然而，本書所有內容對於獲致性靈上均衡的成長，都是不可或缺的，每處都是這條廣陌而含蘊深刻的大道上的一步。例如，多數分析式禪修都來自「次第道」（即「菩提道次第」，藏文 lamrim）傳承，這是一系列組織井然的主題，可供人學習、深思，由體驗中融會，也是一個把我們從目前尚未開悟狀態帶到實現自身潛能，以臻於圓滿（證悟）的過程。（若想更加了解「道次第」，可參閱本書結尾的推薦書單。）

若能謹慎有耐性的從事研究與修行，你會漸漸領略這些修行方法彼此之間，以及與整條證悟之道的關係。

2

開始進行禪修

# 給初學者的建議

## 規律地禪修

要體驗禪修的好處，必須規律地進行修練，就像從事任何一種活動那樣，若不投入全副精神，就無法成功。試著每日禪修，或至少每週數次。若閒置數週或數月不做禪修的練習，就會感到生疏，再開始時會覺得格外艱難。雖然難免會有不想禪修的時候，但還是做吧，就算幾分鐘也好；這種情況下的禪修，效果往往也最好。

## 禪修地點

可能的話，最好能騰出房間或某個角落，專門作為禪修之用。

在座位的安排上，可以在地板、床或沙發上放個坐墊，或者一張直背式座椅，前面放個桌子或矮凳，以便放置禪修用的書或其他書籍。

如果想要的話，可以就近設個佛龕，上頭放些佛像或圖片以激勵自己，以及要獻給諸佛的供品，如香燭、花果。

這個禪修地點最好保持乾淨和安靜，不受打擾。然而，只要有紀律，還是有辦法在嘈雜擁擠的環境中進行禪修。譬如，在監獄裡的人常難以找到安靜的地方，但仍有成功的禪修者。即使

身處在忙亂吵鬧的地方，還是可以試著盡量讓禪修的地方和悅宜人，這樣，身處其中時便能感到歡喜，而身在他處時也會想趕快回來！

## 選定方法

以「觀呼吸」禪修法（第46頁）作爲練習的第一個方法，是個好選擇。這項禪修法能夠安撫心神，同時可培養一些對於自身想法與感覺的洞察力，而平靜與洞見是任何有所成就的禪修者不可或缺的條件。

當你熟悉禪修是怎麼一回事後，可以選擇最符合自己需求的修行法來做。但要記得，這裡所提供的方法，不是用來矯正特定問題的狀況，就是加強特定特質。舉例來說，若你較屬意處理憤怒的方法，可以選擇「培養耐心的禪修」（第147頁）或「培養慈愛的禪修」（第126頁）。若爲強烈慾念或執著所苦，則可由「觀無常的禪修」（第74頁）、「對死亡的禪修」（第78頁）或「對苦的禪修」（第110頁）的修練中獲益。想想生命的可貴與其中所蘊藏的可能性（第68頁），便可對治心情低落。我們常會覺得事情發生得沒有道理，或生命並不公平：若你會如此，就做「對業力的禪修」（第90頁）。若你懊悔著曾經傷害別人，或覺得毫無希望、認爲自己不可能改變，可以選一種淨化禪修來做（102頁，167頁，242頁）。若你因世間苦痛而徬徨無計，或想培養助人的勇氣，可以修「培養慈悲的禪修與施受法」（第132頁）。

當心平靜時，可以用吸引你的觀想方法（第 60 頁）來培養專心度，也可以禪修空性，加強自己對實相內涵的洞察力（第 62 頁）。若你對虔誠修行所帶來的益處已有體會，可考慮修持禮拜與祈請文（第 186 頁），或做觀想禪修。

以上所說的只是個大原則，在實際修行後，你會知道什麼時候該做什麼。不過，必須一再強調的是，有個有經驗的禪修者來引導你是很重要的（第 28 頁）。

## 短時間的練習

剛開始禪修時，時間最好短些，如十到三十分鐘，最好在身心尚感清新舒服時便結束。若你強迫自己禪修得久一點，導致起身時全身酸疼，心裡洩氣不已，那麼下次禪修前就會覺得興趣缺缺。禪修應該是讓人滿足並帶來收穫的經驗，千萬別造成負擔才好。

禪修前，應先定好時間長度，即使進行得很順利，也要堅持原本決定的時間就好。等到技巧純熟後，再延長時間。

## 放鬆但警覺

禪修過程中，應讓身心放鬆，並感覺舒適。將外在世界的問題、憂慮和牽掛放在一邊，讓自己沈浸在內在世界中，這樣心裡便可放鬆了。或者回想過去輕鬆愉快的經驗，讓這種感受出現在禪修裡，也會有幫助。

觀呼吸禪修法也有同樣的效果。將注意力集中在自然而緩和

的呼吸韻律上，避免因念頭而分心，這樣可讓心神狀態變得安詳清明。可別睡著了！要保持警醒，隨時注意心中出現的想法、畫面、心情和感受，但不要陷入其中。專注的對象必須放在呼吸本身（或任何你所選定的禪修對象）。

可以修練瑜伽、太極、昆涅（kum nye，譯註：藏傳的瑜伽肢體運動），或其他可釋放壓力和放鬆的方法，以幫助身體緩和下來。任何一種可以舒緩身體的緊張，幫助你禪修時安坐下來的方法，都極具價值，可以加入練習中。

## 不抱期待

我們都希望擁有快樂及祥和的心靈，也想避免遭遇難題，因此期望能擁有好的禪修經驗是很自然的。但實際狀況不一定能符合期待，而且這樣的期待有可能會阻礙進步。心是複雜而善變的。某天禪修時感覺平和而愉快，隔天禪修時卻被分心和混亂所困擾，這很正常，不需因而覺得憂慮或挫折。要讓自己準備好，但不要被發生的情況所苦。最困擾痛苦的經驗，可能為智慧的成長帶來最大的價值。

為了改變自心而進行禪修，當中所付出的努力（這事本身就有禪修練習之效）就頗值得滿意了。只要你仍在嘗試，就別認為自己無法進行禪修——如果真的這麼想，就真的錯了。要有所斬獲，必須花點時間。倘若幾週內仍無法好好專心，也不要喪氣，最好是以年為時間單位來考量。用一輩子時間養成的習慣，不可能一下子就抹去，必須以逐漸培養的新習慣來取代。所以，

一定要讓自己好過些，要能看到自己的能力及不足之處，以此來評估是否有進步。

## 老師的指導不可或缺

學習最有效的方式，就是跟精熟的人一塊研究；禪修也不例外。我們可以把心比喻成樂器：想用樂器彈奏出美妙的音樂，必須先跟精通該樂器的大師學習；同樣的，想培養清明、熱切、慈愛的心，便需要某個通透心的運作方式，以及了解心能如何被轉變的人來指導我們。

不過，要找到合格的老師並不容易，需具備多方面的條件：悲心、知識和洞見、德行操守、誠心、解說技巧。你必須信賴這個老師，同時彼此能溝通無礙才行。因此，找到適合你的老師，可能要花上好幾年時間。但別把這個問題想得過於嚴重而慌忙出門去找！輕鬆點，時機到了，就會順利遇到能指導你的人了。

在時機到達之前，你仍可進行禪修（如本書講解的那些），需要建議時，也可以找任何一位在特質上為你所仰慕的修行人來協助（即使此人的禪修資歷很淺也沒關係）。你的內在智慧就是內在的導師，會告訴你是否走在正確的方向上。

## 別四處宣傳！

我們常常在發現新奇的事物後，會想告訴每個人，但若過於談論禪修上的事，就不是好主意了。除非這個人是真的有興趣知道而主動問你，否則最好保持沈默。把自己的體驗公告周知，會

消耗了你從禪修中得到的正面能量及洞見。你的修行狀況，最好只跟自己的老師及密友討論。

　　開始禪修並不意味你必須在生活型態、行為或外貌上大做改變；你仍可保有工作、友人和原本住的好房子，照常享受生活。

　　禪修是內在的活動，而非外在的，你的心會因為修行而在細微層面上發生轉變，變得更敏感而清明，並從平凡的日常經驗中獲得清新的洞見。若改變只發生在表面上，便不自然，也無法打動任何人；而禪修所帶來深度而自然的改變，卻是既真實又有益處的，不論對自己或他人，都有此效。

## 禪修期間

### 坐前準備

用「七支座」或其他建議姿勢（第 30 頁），舒服的坐下，並花幾分鐘時間讓身心安頓下來。選擇你想進行的禪修法，決定禪修時間的長短，下定決心這段期間不做其他事。

開始禪修前，傳統上要行三次禮拜（第 197 頁）。禮拜可對治傲慢的心態，同時也是一種態度上的表示，代表我們願意接受自己確實有事要處理，有問題要解決，在內心的開發上還有長遠的路要走。這樣的行為並不必然代表自己臣服於外在的某物，而是表示一種認知，知道自己內在擁有完整與圓滿的可能性。事實上，我們是在禮拜自己的真實本性，那正是我們想以禪修喚醒的對象。若能理解這一點，禮拜的過程將有助於收攏心神，進入適合禪修的狀態。

### 禪修的動機

檢視自己的想法：為什麼想禪修？希望達成什麼目標？就像做任何一件事一樣，目標愈清楚，決心愈堅定，動機愈強烈，成功的機會也就愈大。

一個可能的短期禪修目標，就是只要能靜下來放輕鬆就好。至於日後較長遠的目標，可以深入探索實相本質，以得到了解，

並矯正、消除不快樂和不滿足。但是，最利他的禪修目標（因此也是最高目標）在於獲致證悟，幫助別人也可得此證悟。這項抱負便是大家所知悉的菩提心（梵文 *bodhichitta*），對大乘佛教而言，這是最長遠的目標，在這個道程上會將其他目標都達成。你若能夠對這種想法感到自在，便可以在開始禪修時這麼想：「我進行這項禪修是為了獲致證悟，如此便可以幫助眾生也達到此境界。」

不過，要讓自己認為禪修的理由是為了獲致證悟，或許會有困難。這個目標可能太過高遠，讓人覺得不切實際，然而你仍可抱著利他的心願，希望自己能有助於他人。若真是這樣，你可以有類似想法：「我希望禪修能減少心中負面的能量，如憤怒、自我中心、執著、傲慢等等，並增進正面的特質，如慈愛、悲心、耐性、智慧。這樣做，讓我擁有更多正面而益人的能量與人互動，同時將這些正面能量散播到世間。」

不論你的動機是什麼，在開始禪修前，得先想清楚。

如果你覺得對練習有幫助，可以在開始禪修時唸一次 190 頁到 194 頁的祈請文，或者只唸「皈依及發菩提心祈請文」也無妨。有些人覺得唸誦祈請文，不論是在心裡默唸或唸出聲來，都能營造適合禪修的心神狀態，藉此想想那些可以獲得的智慧及特質。祈禱時，也要深思每段文字的意思，好讓祈請文由內心自然湧現。

## 進行禪修

現在，把注意力放在禪修的對象上，從開始到結束都要堅定地放在心裡。若進行時遇到問題，可以遵循第 37 頁的建議。

若你所做的是「止」的禪修，如觀呼吸禪修法，就把心堅定不移地放在專注的對象上。

若你做的是分析式禪修，就用全部注意力來探究該主題，直到出現直覺為止，然後再把心單點式地放在這個洞見上，也就是進行「止」，讓此洞見成為實際上的體驗。待直覺或專心度開始退轉，再回到分析的步驟上。

開始禪修前，應先讀過指引序文，然後把其中提到的想法融合到禪修當中（分析式禪修尤其該如此）。

禪修結束後，要以禪修時所得的洞見與體驗，對主題做真切的結論。

當然，禪修時若可以不用參閱本書或其他書籍，是最理想的。然而不可避免的，在對細節還不甚清楚的情況下，你仍需不時張開眼睛，以了解下個階段的內容。做些嘗試，找出最自在的進行方式。

以下這兩種做法也很有幫助：隨著 CD 或 MP3 播放機的指引來進行禪修；或是和另一位禪修同伴輪流讀誦禪修指引。

不論你用什麼方式，重要的是放輕鬆，不要先揣測禪修的情況，以致於有不切實際的期待。盡可能跟隨指引的腳步，也跟隨自己的智慧，不必慌張，要有信心！

## 迴向

　　每一次的禪修，都會爲你帶來正面能量，同時培養一些洞察力；即使只是進行幾分鐘，也會有這樣的效果。禪修後，回到日常活動，此時，想法及態度會決定此能量及洞察力所造成的影響。若禪修結束時心境並不愉快，或結束得太倉促，這些能量很可能大部分就此消失。

　　離開座位前，花幾分鐘回想一下你從事此節禪修的理由和動機，然後將獲得的能量及洞見迴向給這些目標，以促成實現。清楚明白的迴向能夠讓洞見在心裡安定下來，也讓目標更有可能達成。（欲參閱迴向祈請文，請看第 193 頁。）

　　同時，別忘了將這些禪修上的美好體驗帶回到日常行事上。別再衝動地作爲及回應，也別隨著自己的念頭與感覺到處跑，要仔細檢視自己的心，多加留意，試著在問題出現時更有技巧地處理。如果能每天都這麼做，禪修便可算有成果了。

# 姿勢

　　身與心互依互存，會相互影響彼此的狀態，因此必須強調禪修時坐姿的正確。幾世紀以來，廣受推薦的「七支座」，是有經驗的禪修者會採用的姿勢。

## 雙腿

　　最好的禪修姿勢是金剛坐，或稱全蓮坐，也就是將兩腳交疊置於大腿上，腳掌朝上。這種姿勢對許多人來說會有點困難，如果能練瑜伽或伸展肢體的運動，可以讓雙腿柔軟些，或許就能夠以此坐姿坐一段時間。運用這個方法持續修持，可使坐姿的時間拉長些。金剛坐能讓身體得到最佳的支撐，但並非必要，若無法做到也不用太在意。

　　另一種選擇是半蓮坐，就是將左腳置於右腿下的地板上，右腳置於左大腿上。你也可以只把兩腳交叉放在地上。

　　在地上鋪個蓆子或地毯，臀部底下放一兩個坐墊，就可以坐得舒服並坐得久一點，而且後背會較端正，以避免腿與腳發麻。

　　若你無法以上述任何一種雙腳交叉的姿勢坐下，也可以坐在椅子上，或坐在低矮有斜度的長條椅上。重要的是要讓自己感覺舒適。

## 雙臂

雙手手掌輕鬆合攏，置於下襬，也就是大約肚臍下方兩吋（約五公分）處，右手疊於左手上，手心向上，手指並排平行。兩手稍成杯狀，兩手拇指指尖互觸，形成三角形。放鬆肩膀和雙臂。雙臂不可緊貼著身體，要留有幾吋空間以利空氣循環，這樣可避免昏沈。

## 後背

後背的姿勢最重要，必須端正並放鬆，稍為挺直，就好像脊椎是由一疊硬幣堆成的那樣。剛開始做的時候可能會覺得困難，不過會逐漸感到自然，也會發覺其中的益處：能量較易於流動（第 180 頁）而不會停滯，會讓你能夠較為舒服地坐著，禪修時間因而得以漸漸拉長。

## 雙眼

通常初學禪修的人會覺得閉上眼睛比較容易專心。這樣也可以，但仍建議讓雙眼微張，透點光進來，視線朝下。因為雙眼緊閉可能造成懶散、想睡或出現夢境般的影像，這些都會妨礙禪修的進行。

## 下巴

下巴應放鬆，牙關稍開。嘴部也應放鬆，但雙唇微合。

## 舌頭

舌尖應觸及上牙齦後面的上顎，這樣可減少唾液分泌，並減少吞嚥的動作，在增強專心度後，進行長時間禪修時也得以避免分心的情況。

## 頭部

頭部應稍向前傾，好讓視線自然向下，落在前方地面。若頭部抬得過高，可能會有心神恍惚不安的問題；放得過低，則可能會有心神沈重或昏昏欲睡的毛病。

在從事靜坐活動時，「七支座」饒有助益，可保持清醒並減少障礙。剛開始可能會感到困難，你可以在每次開始時檢查每一點，試著保持正確姿勢幾分鐘。熟練之後就會愈來愈自然，也會開始感受到益處。

修練哈達瑜伽或其他身體上的運動，對放鬆緊繃的肌肉關節很有幫助，也會讓你坐得更舒服些。然而，你若無法採用盤坐姿勢，可以考慮在完美的姿勢和放鬆的體態間，尋找折衷的方式。也就是說，找個讓自己的身心可以保持愉快舒適而又不致緊張的姿勢。

# 常見的問題

## 不安及分心

　　禪修時，有時心神會感到不安，注意力一直受到打擾。原因可能是如聲音之類的外物，但也可能是來自內在的念頭，如過往記憶、未來憧憬，或對於當下發生之事喋喋不休的發言。這些念頭通常伴隨著足以造成困擾的情緒，譬如執著（對於愉快經驗的留戀）、憤怒或仇恨（某人的作為傷害或激怒我們，因而產生了糾葛）、恐懼、懷疑、妒忌、憂鬱。由於我們平日總是任由心天馬行空，不加節制，因此，脫韁的心便成了根深蒂固的習慣。

　　改掉舊習並非易事，但我們仍需明白，這項習性，也就是受擾動的心，正是禪修狀態的反面，只要我們還忙著在心的表相上繞圈子，就不可能深入其中，也無法培養看清實相所需的注意力。

　　要對治心的擾動，有不少方法。其中之一是把心堅定地放在呼吸上，讓心變得平靜，就像呼吸的韻律般自然（參閱第 46 頁）。若發生分神的狀況，則須將注意力帶回呼吸上頭。不論出現什麼念頭或感覺，就只要看著它們，但別加入；要記得這些只不過是心海中的波浪，有起有伏。但如果你的心被擾人的情緒（如執著或憤怒）攪住了，可能就得多花點時間進行一次或多次的矯正（參閱第 139 頁）。等你重新掌握自己的心時，便可返回

禪修的主要對象上。

有個源自西藏傳統，對於安定心頗有效的方式，稱爲「九節佛風」，這個方法除了可在開始禪修時使用，當禪修進行到一半心神不受控制時，也可以運用。

1. 前三次呼吸，從右邊鼻孔吸入，左邊呼出。吸氣時可用食指抵住左鼻孔，呼氣時則抵住右鼻孔。
2. 次三次呼吸，從左邊鼻孔吸入，右邊呼出。同樣可用食指來抵住不用的鼻孔。
3. 末三次呼吸，兩邊鼻孔同時吸氣，也同時呼氣。

每次呼吸時，心神都放在呼吸以及鼻孔感受到的氣流進出感覺上。別因爲念頭或其他事物而分神。想要的話，可以重複進行九劫佛風數次，再回來做禪修。

西藏瑜伽士還推薦了另一種方法，就是想像自己的心被封閉在一粒微小的圓形種子中，這粒種子的上半部呈白色，下半部是紅色，位置是中脈（參閱第180頁）在肚臍高度之處。專心在此一想像中，直到心定下來爲止，然後再返回原本禪修的對象上。

你若熟悉分析式禪修，如「對死亡的禪修」、「觀無常的禪修」或「對苦的禪修」（參閱第四部），可以稍爲回想其中一種方法的要點，這樣做能使心平並穩定下來。回想動機究竟爲什麼要禪修，對於堅定決心或許有幫助。

　　若一再發生心神不安的情形，可以檢查自己的姿勢。脊椎應保持端正，頭部稍為前傾，下巴稍為縮回；若頭部抬得過高，心神較易不安。減少室內的亮度可能也有幫助，因為強光會激起思緒及感受。

　　想妥善處理紛亂的心神，需要有耐性。你若無法將注意力放在禪修的對象上，千萬別生氣。要學會放慢腳步，能對自己的心有些掌握度，這些都需要時間與堅毅的修練，所以，別太苛求自己。

## 昏沉及遲鈍

　　心神擾動的反面就是昏沉，程度可由倦怠、無精打采到近乎失神。這與另一種習慣有關：當我們閉上雙眼、放鬆身心的時候，通常也是要睡覺的時候。

　　首先，確認背部保持端正，頭部沒有過度向前傾。雙眼半開，視線朝著前方地面。增加室內亮度也有助於保持警醒。

　　另一種解決方式是：如前面所說，觀想自己的心被封閉在一粒微小種子中，種子位於肚臍高度的中脈。但這一次要想像這粒種子由中脈向上射出頭頂，種子裂開了，而你的心融入廣大的虛空中。花點時間專注在這個過程，然後再返回原本的禪修中。

　　禪修時出現的昏沉，也有可能是內心消沉所表現出來的症狀。如果真是這樣，可以嘗試第 153 頁針對沮喪的矯正法，或許有所幫助。

　　在嘗試過這些矯正方法後，若你的心仍感覺遲鈍昏沉，最好

還是休息一下，可以在臉上灑些水，呼吸新鮮空氣，或伸展一下肢體，甚至乾脆停止禪修，稍後再試。

## 身體不適

　　一旦能放鬆身體且覺得自在，禪修就會進行得很順利，不過並不容易做到。身體緊繃大多跟心境有關，譬如有未解決的問題：恐懼、憂慮或憤怒。最有效的解決方法就是把這些問題找出來，運用禪修加以對治。還有一個舒緩身體緊張的治標方式，就是用注意力將全身淨除一次；這個方法可以在開始禪修時或進行中使用。從頭頂開始，一路往下直到掃淨整個身體，專注在每個部位一會兒，有意識地放鬆那個部位，同時想像緊張就這麼消失了。

　　另外一個方法是：進行深度而和緩的呼吸，專心想像固有的緊張或疼痛已隨著每次呼氣而離開身體。

　　若這些方法都不管用，可以試試複雜一點的方法：觀想自己的身體是中空的。從胸口開始，想像身體內部原本堅實的部位化成了光，消失在虛空中，胸部、頭部、雙臂、雙腿的內部都漸漸化掉了。你的皮膚變成很薄的光膜，包著這空間。花點時間，讓自己專注於此身體中空、好似氣球的體驗。

　　若坐著會不舒服或疼痛，可能是膝蓋或背部造成的，可以換個較自在的姿勢，這沒有問題。因為禪修是心的活動，而非身體的，最重要的是要讓心保持清明自在。不過，有時單單只是「檢視」身體的疼痛，試著去克服因為這個原因而產生的恐懼反應，

也有作用。「檢視」是一種意識上的經驗，以及心智上的理解活動。因此，不用急著將此經驗歸類為「疼痛」，而要看待為單純的感覺，是一種另類的能量。以這種方式來分析，能為你對心的運作方式帶來更多洞見，幫助你對身體感覺的反應培養更大的掌控能力。

　　這種處理身體疼痛的方法，還可以加以延伸，就是在心裡將此官感的強度盡量增加，想像疼痛愈來愈劇烈，一段時間後，再把注意力放回原本的疼痛上，這時就會覺得已經沒有原先那麼難受了！

　　還有一種處理方式，就是觀想眾生所受的苦痛，然後以大悲心將此苦痛帶進原本所感受到的痛苦中，想像自己也承受著眾生的苦，而眾生則因而得以離苦。持續這樣觀想，感受其中的喜悅，同時讓這段時間盡可能久一些。

　　嘗試這些處理疼痛的方式會有幫助，但要小心，可別過頭，若讓自己受傷可就不妙了！

## 噪音

　　能在安靜的處所禪修是最好不過的了，但並非每個人都能找到這樣的地方。城市裡繁忙的交通、電視、音樂、孩童嬉鬧、說話及喊叫，甚至還有飛機飛過；就算在鄉間或高山也有聲音：鳥獸、風、溪流。如果以為可以找到全然寂靜的地點進行禪修，是不實際的；而若以為只有全然無聲才能禪修，也是錯誤的；重點在於要學會如何處理而已。

　　問題比較不在噪音上，而是我們的心對噪音的反應。若是令人愉快的「噪音」，譬如我們喜歡的音樂，便會吸引我們的注意力，反而忘了原本進行禪修的對象，這便是「黏著」；若「噪音」並不悅耳，我們便會感覺不快或「厭惡」。不論何者，我們都被噪音所設限，難以放手，也就無法進行禪修。我們的心會開始對噪音發出評論：那是什麼聲音，誰製造的，想起過去類似的經驗，想著該怎麼讓聲音停止等等。這些想法和感覺才是問題所在。

　　處理這種情況的最佳方式，就是能夠看懂自己心中正在發生的事，學著只是察覺聲音的存在，而不要有所反應或議論。要了解，不可能因為我們要禪修，就要外頭的世界不發出聲響，我們所能做的是下功夫在自心的反應上。可以回想一下自己為了準備考試而讀書時，或者全神貫注地閱讀一本精彩的書時，是不是對周遭聲音聽而不聞呢？你也可以學著以同樣的做法來禪修。

　　還有一種做法，是在開始禪修時，先培養一股強烈的正向動機（參閱第 30 頁），讓你因為要禪修而覺得歡喜且興致高昂。若對禪修的感覺是可有可無、意興闌珊或視為例行工作，就會很難把心放在禪修對象上。

　　另外一種有用的方法是在心裡做記錄（參閱第 49 頁），譬如記下「噪音」、「音樂」或「鳥叫」，之後就放開這些記錄，把注意力移回禪修的對象上。對心中出現的任何反應也可加以記錄：「覺得分心」或「感到厭惡」，「在思考」或「在回想」，然後以同樣的方式把這些都放掉。

在自心上下功夫，是最好的解決方式，但是試著讓噪音停止或降低音量也有幫助，只要不造成別人的困擾就好。你也可把禪修時間安排在較安靜的時候，譬如清晨，甚至可以戴上耳塞。

## 奇怪的影像和感覺

禪修時，心裡有時會出現不尋常的影像或異樣的感覺，譬如身體變大或縮小，或者自心漂浮到身體之外。這些都是正常反應，因為心正在進行自我調整以適應新的活動，所以不用擔心。

另一方面，別執著此類經驗或試著想再重複發生，因為這只會讓人偏離了禪修真正的目的。只需看著所升起的是什麼影像或感覺，但不要試著去抓住或排斥，讓它們自行消失即可。

但若經常出現令人困擾的經驗，而又無法自行擺脫，就應諮詢禪修老師或有經驗的修行人。最好的做法是暫停修行，直到得到建議為止。

## 灰心

我們常聽到有人抱怨：「禪修我做不來；我試過了，就是不行。」或「我已經禪修好幾個月了，什麼成績也沒有。」事實上，這些問題通常是因為短時間裡有過高的期待。

我們應該要有實際點的期待。多數人一輩子從未嘗試了解心，或者掌握想法及感受。要打破舊習並不容易，就算每天禪修，兩三年下來依然沒有成效（雖然這是很少見的），也不必因而擔心或絕望。

　　正向的變化不會毫無預警地突然出現，而是緩慢漸進，每天一點一滴地進步所培養的，所以要對自己有耐心。要記住，單只是努力了解、試著掌握心，這樣的過程就是在禪修了。若所做所為都是為了利己利人，那麼大可放心，你為禪修所付出的努力已經值得了。

　　初學禪修的人常會感到心的負面變得更糟，而非轉好；甚至認為這是禪修造成的！然而，請對照一下洗衣的過程。衣服剛放進水裡時，會有一些髒東西跑出來，經過搓揉後，水會變得愈來愈髒，這時若怪罪肥皂或水或搓洗造成了髒污，實在十分可笑；清洗的過程只是讓原本存在的東西顯露出來罷了，可以說正是方法對了，才有辦法把髒污都清出來。

　　同樣的，禪修可以淨除心中的染污：剛開始會看到較明顯的負面情緒，然後才是較細微的。

　　因此，請有耐心，不用擔心！

# 3

## 心的禪修

## 觀呼吸

前面提到有一類禪修方法：「止」，目的是要培養專心度。「專心」是心的一項自然特質，這樣我們才能學習、工作、看電視或閱讀書籍。但我們的專心度是有限的，很容易分心，而且對於別人和自己來說，我們所專心的對象也不必然都是好的。專心本身並沒有正面意義，端視我們使用的方式而定。舉例來說，搶銀行的人專心度要很好才行。既然精神修持的目的是要讓自心從負面的想法和情緒中解脫，以臻於圓滿的清明、平安和喜樂，我們便需學習專心在正面和有益的對象上才是。

「止」是將心放在某個對象上，並在心遊走時把它帶回來。佛陀建議許多用以培養專心度的對象當中，呼吸是最佳選擇之一。由於我們隨時都在呼吸，因此可以省掉想個東西來專心的麻煩。而且，呼吸是此時此地就在發生的事，專注於呼吸，會幫助自心留在當下（此時此地），而不致迷失在過往的回憶或未來的憧憬中。讓注意力跟隨著呼吸，會為自心帶來一種自然的安撫效果，也讓平日忙亂的心思沈靜下來。十四世紀西藏禪修大師宗喀巴在他的著作《菩提道次第廣論》中表示，若你容易散漫，一定要修練觀呼吸。

要培養高度的專心，心必須具備數種特質。一種是全然專注，或說回想力，讓我們可記住熟悉的事物，如呼吸，不致忘懷或游移到其他事物。「全然專注」也讓我們能記得自己為什麼坐

在這裡，不至於腦袋空空！

　　另一個需具備的特質，就是能做判斷的警覺心，好像衛兵一樣，只不過戒備的對象是分神狀況。能警覺，就會留意每一刻發生什麼事——我們是否專注在禪修對象上，還是游移到其他事物了。警覺的心也讓我們有能力辨識負面想法和情緒，譬如憤怒和慾念，這些都會擾亂我們的心，為自己和別人帶來問題。若能培養當負面念頭及情緒出現時就能辨識出來的能力，而在影響擴大前加以對治，便可少受許多苦。

　　也就是說，能否順利禪修，全然專注和警覺確實是必要的；同時也讓我們在日常生活中能綜觀全局，保持警覺、認真，在當下就看出心中發生何事，因此能在問題出現時有技巧地處理。

　　「觀呼吸」可以當作修行的主要項目，或作為其他禪修法的開端。這項禪修法可說是無價之寶，規律的修練能夠幫助你逐漸覺察自己的內在世界，並且更能掌握自己的心，你會更能放鬆自己，享受人生，對於自己和周遭的人事物更加敏銳。在增強專注度後，可以應用到其他的禪修，讓專心的時間得以延長。

　　因此，觀呼吸禪修法以及所有「止」的禪修法，對於初學者和高階禪修者，也就是想尋找能夠簡單地撫慰自己及心方式的人，以及投身於性靈開發的認真禪修者，都同屬重要。

## 練習的方式

　　首先，以七支座（第 34 頁）坐好，或者任何最能讓你感到舒適的姿勢也可以，放鬆全身肌肉及各部位，背部則保持端正。

若有任何部位覺得緊繃，則要把這種緊張的感覺淨除。呼吸要自然，以自然的韻律來呼出與吸入。

**動機**　禪修的動機要正向，例如，「我禪修是爲了在心中產生更多的正面能量，並減少負面能量，讓自己與所有人都能受益。」

決定禪修時間的長度（若是初學者，十到三十分鐘均可；等逐漸改善專心度後，再延長時間），並下定決心在禪修過程中將注意力集中在呼吸上，以達成目標。

現在，把心聚焦在呼吸上。可以把注意力放在鼻孔，察覺氣息進出時的細微感覺，或留意腹部隨著每次呼吸所出現的起伏。

選定上述的一個部位後，在每次吸氣與呼氣時，都將心（也就是注意力）放在該部位的感覺上。若心神渙散時，要記得再把心引領到這個部位上。

如果想要的話，可以數算呼吸的次數，或許會有助於專心。一次完整的吸氣和呼氣循環，計數爲一。

你可以對自己說：「吸氣，呼氣，一。吸氣，呼氣，二……」，以此類推。數到五或十次，再回頭從一開始數。計數過程中，如果心神散失了，就從頭自一開始數，如此繼續以五數或十數爲一輪數下去。當注意力游移時，都要引領回到呼吸上。若你的心已較安穩了，不用計數就能專注於呼吸時，就不需要再數了。

別嘗試去控制自己的呼吸；只需如常和緩地呼吸即可。不

可避免的一定會有念頭出現，以致注意力因而分心，一旦發現此事，就把心帶回到呼吸上面。

要學習對這些念頭保持中立的態度，既不被吸引，也不排斥。也就是說，對於任何想法、影像或感覺，不要用厭惡、擔心、興奮或思念來反應；只需注意到念頭存在的事實，並將注意力放回呼吸上即可。即使你必須在一分鐘內把這件事做上五十回，也別覺得挫折！要有耐性，堅持下去，你的念頭終究會消退。

可以把自己的心想像成是天空，想法就像雲朵，或許會有幫助。天空裡的雲朵來了又去，不會久駐，也不會讓天空本來就「不動」和寬廣的特性起變化。同樣的，念頭在你心中那清明的空間裡，來了又去，只不過是路過、暫停罷了。若你能只是加以留意，然後就讓這些念頭消逝，並把注意力一次又一次的拉回到呼吸上，這些想法就會自行消失了。

滿意地處在當下。不論目前心處於何種狀態，心中浮現什麼，都要接受，但不要評斷而分別好壞。應該擺脫期待、執著及挫折等情緒，不要想著前往他處，做其他事，或甚至只是有不同感受的想法，這些通通都不要。要滿意自己的現狀。

當技巧純熟，避免分心的能力也增加了，便可以進一步提升警覺心。在心裡把浮現的念頭記錄下來，例如：「在思考」、「回憶」、「憧憬」、「生氣」、「依戀」、「聽到聲音」、「覺得無聊」或「痛」。一旦把念頭或感覺記下來後，就要放開。要記得，這些念頭或感覺，本質上都是無常的。

　　還有一種方法可利用分神幫助自己獲得對於心之本質的洞見。當念頭出現時，不把注意力放在念頭上，而放在有這念頭的人身上。意思是說，一部分的心（能做判斷的警覺心）看著另一部分的心（分神的狀態），如此一來，這惱人的事物終會消失，但要做的是把注意力盡量持久地放在有這念頭的人上。當另一個念頭降臨時，再次注意有念頭的人，重複同樣的程序。當分神的狀況過了以後，就回頭注意呼吸。

　　這些對治分神的方法，可以應用在任何一種禪修中。以忽略或壓抑的方式來處理擾人的念頭或負面能量，毫無用處，因為念頭仍會反覆出現。

　　若某個念頭或感覺特別令人苦惱，無法放掉，或許便需要暫停觀呼吸禪修，而用第139頁的方法來處理負面能量。當擾人的情緒得到控制後，便可再回到呼吸上頭。


　　**迴向**　　禪修結束後，要對所做的事感到愉快。別批判，比如說：「這次禪修真糟糕；我的心思到處遊走了。」記住，單只是付出努力以讓自己能禪修，就已經是很有意義並且是有幫助的事了。要為了創造正面能量而歡喜，並迴向給眾生，讓他們能受益──祈願他們的心能不再受到問題與不快樂的侵擾，充滿平和與喜樂。

# 禪修心的明性

　　人都是由身與心所組成，這是人類存在的現實。而身與心也分別由許多部分組成，且都在流變中。很不幸的，我們的自我並不滿足於這樣簡單的解釋。自我基於概念、好惡，羅織出一個我或自己的看法，使得情況變得複雜。我們會這麼想：「我有吸引力」，「我很醜」，「我舞跳得不錯」，「我不會成功」，「我脾氣差」；並認為這些投射出來的想法很真實，是固有不變的。

　　對於周遭的人和物，我們也是如此對待。我們接受「他很醜」、「她很棒」這樣的看法，構築出屬於自己的現實圖像，細密而堅實，並且不加懷疑地把這些圖像緊握手中。

　　「禪修心的明性」對我們那些「實在」的投射來說，可真是對症下藥，我們因而可以直接體驗所有想法、感覺、觀念的本質：清晰、非物質、短暫的，也就比較不會予以認同。隨著主體（我們的心）不再這麼僵硬後，心所投射的東西也會跟著軟化，慢慢失去原本的「實在」性。由於習慣，對「壞人」的厭惡感仍會出現，但我們所擁有的內心空間足以想起：「這是想法的投射，是清晰而短暫，就像是心中湧起的一股浪潮，很快便會過去。事實上，對象並不是以我所看到的樣子存在。」

　　這項禪修在軟化自我的看法上，特別有效果。我們的自尊通常很卑微，這是因為過往所犯的錯、人格上的缺失、惡習等所造成。然而，一再侵擾我們的憤怒、妒忌、自私、沮喪等問題，其

實是心理上的經驗，因此很明白，同時也是短暫的。唯有我們相信這些心的狀態爲眞，它們才會存在！若我們在觀心性的禪修中認知到這點，便可學著放掉這些經驗，讓自己不再認同它們。

我們的天性清明而純淨，鎭日與我們同在。我們意識中的負面能量起伏如海中波浪，不過卻很短暫，可被消除。持續修行此法，將能夠確認這種純淨本性，並成爲我們存在的實相和實際的體驗。在理解自己和所有現象更細微的本質上，這是很自然的一步：也就是，存在的本質是空性（參閱第 62 頁）。

## 練習的方式

**動機**　禪修必須要有正面動機。

開始時，由鼻孔深吸氣，讓氣息注入腹部並稍爲屏氣，然後將氣息由閉著的嘴唇間和緩呼出。重複做兩次，接著就以平常方式經由鼻子呼吸即可。不以思考和概念去觀察呼吸。待覺知變得敏銳時，將注意力放在意識的清明上。

你的意識或心，其實就是當下所經驗的一切：身體的感覺、念頭、情感、察覺到的音聲等等，每一項經驗，在本質上都是清明、不具形色的；覺知如同空間一般，是純淨的。將注意力放在此一清明純淨的心性上。

剛開始或許不容易找到眞正要注意的對象，也就是「明性」。若是如此，就對代表清明的心像進行禪修吧。有一種方法可以產生此一心像，就是觀想空間。想像自己躺在山頂上，望著清澈無雲的天空。專注在此一廣大、沒有任何物體的空間，想像

這片天空往下流動，把你以及周遭事物包覆起來；一切都變得像天空般無物。守住這個體驗，感覺自心的本性就像這片清澈空虛的天空。

　　當有念頭出現和分心時，不要有反應，不要追隨，更不要排斥。要記得，這些事物在本質上都是清晰而沒有實質的，所以只要看著它們來了又去就好，然後回返到對於心之清明本質的覺知上。

　　禪修時，不做任何思考，不需猜想心究竟是何物；只要觀察，看到心清明的本性，就像無盡的虛空，這樣就夠了。要自然。禪修總是簡單而自然的，並不特別。

　　專心的意思就是把心持續放在某個對象上，不曾忘失。專心的自然結果就是具有覺知力，其中並沒有概念介入。光亮並不需思索：「我把黑暗驅逐了」，就能照亮一切。覺知力就是內在的光，讓我們可以更清晰地看到事物，將見到事物樣貌時的沈重感一掃而空，因而減輕了我們對於事物的執著或厭惡。

　　先進行十到三十分鐘短時間的禪修就好，待專心度提升後再拉長時間，屆時，你或許可以坐個一小時以上，或者只要你能保持高度覺知，要坐多久都行。若禪修順利，你會感覺輕盈而放鬆。


　　**迴向**　　禪修結束後，將禪修時所創造的正面能量迴向給眾生，祈願他們得著快樂幸福。

# 觀心的連續性

　　心曾被比喻成大海，概念、想法、情緒則被比擬成海面上起伏的波浪，此一類比能夠幫助我們了解在禪修時或平日活動中所體驗到的種種情況。但若想對心來自何處、將前往何方有所覺受，可把心看成一條流經時間的河流。

　　心念每時每刻都彼此相連，並無間斷。心念日夜無休地往前流動，就像由無數時時變化的片刻經驗所連成的溪流。念頭和感覺出現又消失，但所留下的印記則隨著心流飄走。

　　佛法所說的心，沒有開始，也沒有結束，不像肉身有受孕、誕生、死亡、消解的過程。我們此生的個性及經歷，受到心流所載過去世印記形塑的影響，而目前所想所為的，也同樣會影響未來經歷的內涵（參閱第 90 頁「對業力的禪修」）。這全看我們怎麼做：我們可成為任何想要的狀態，只要將自己的能量導往那個方向即可。想做到這點，要先了解心，並學會善巧地使用心。

　　能否接受其他世生命的存在這件事，取決於能否如以下方式理解我們的心。你若能回想過去世的經歷，便會了解：正因此生是過去世的未來，所以也會是來世的前世。當心變得足夠平靜時，便能洞見自己的內心深處，於是明白了心是永恆流動的溪水，可回溯久遠。當你對過去世這個實相有了體驗後，就會對其存在信服。

　　然而，對許多人來說，這個概念是很陌生的。以下是幾種針

對心的連續性所做的分析，或許有助於思考心的真實與否。

　　首先，心是無常、短暫、隨時改變的，因此，心是一種效應，一項結果，是原因與狀況的產物。前一刻的心，必然是主要造就此刻之心的原由。原因及結果屬於同類型的現象，因此，非實體現象的心，必然不能出自或產自如肉身這般的實體現象，正如火不能產自於水一樣。況且，既然心是一連串始終變化中的時刻所構成，每一刻也就必然是前一刻的結果，那麼在時間上怎能有個開頭呢？

　　有些人覺得心就是腦，或者是腦的活動。但就如這裡所定義的，心是這些經驗本身——更何況念頭和感覺怎麼會有實體呢？若它們確實有實體，研究腦的科學家便應可以看到，但事實並非如此。科學家能夠得知受測者何時思考，卻無法得知思考的內容。心的確依賴腦及神經系統，不過，心並非就是腦。

　　同樣的，一個人的心不能來自於別人，譬如父母。我們的身體是來自父母身體的一部分，但我們的心卻屬非實體現象，是來自全然不同的情狀。讓某顆心的一部分分離，成為新的心，是不可能的。況且，假使我們的心的確來自父母的心，那麼我們不是該擁有他們所有的記憶及知識嗎？

　　很明顯的，事實並非如此。我們現有的個性、知識、經驗，必然是自己過往經驗及行為所帶來的結果，因此，我們的心是來自前一連續存在。

　　此處的禪修法，非常有助於我們去體驗自心的存在是一連續流動、始終變化的事件之流。

## 練習的方式

**動機**　舒服的坐好，放輕鬆。爲進行這個禪修，想一個正面有益的動機。花點時間專注在呼吸上，直到心平靜而清明爲止。

首先，檢視一下自己心的狀態，看看閃現的念頭及感覺。只是看著，保持距離，別生起執著或排斥。

接著，開始回溯過往。先回顧一下早上醒來至今在意識上所經歷的過程……這些眞的是目前所體驗到意識之流的一部分嗎？

醒來之前，你可能正在作夢。試著回想昨晚的夢境……這些夢境也是同一心續的一部分嗎？

繼續回溯心的經驗：昨日、兩天前、上週、上個月、去年、兩年、五年、十年前，一一檢視這些經驗是否同樣來自同一條意識之流？

要避免涉入這些回想的過程。這個禪修法的目的並非回想美好時光，或找出過往的問題，而是要對心之連續性有個感覺。萬一你眞的遇到某些想深入探索的記憶，就先將這些記憶擱置一旁，稍後再深入。

盡可能從自己的前半輩子開始回溯，回想青少年和兒童時期的經驗……有些人可以想起嬰兒時，甚至出生時。放輕鬆，打開心房，讓這些記憶有機會出現……

若你難以回溯早期的記憶，也不用擔心。要了解，正如現在的心續，是你所記得的經驗之延續，那些經驗也同樣是你不再記

得的早期經驗之延續。

現在，想想出生時，在子宮時，還有受孕時。你的心若是經驗之流，來自先前的經驗，那麼，心是否在這些經驗中始終都存在，還是到某一點才開始出現？考慮幾種不同的可能性：你的心來自父母的心嗎？如果是，何時發生？如何發生？……或者，你的心無處自來，不需原因或條件？……或者，它來自你成胎之前便已存在的心續，你的前一世？……看看自己能否敞開心懷去思考這個可能，或許你能瞥見另一世的記憶……

在盡可能回溯你的記憶之後，接著，和緩地把覺知力帶回當下，再次看著念頭和感覺出現。只是體驗自己的意識之流持續流動的狀態，去感受那種動力：一個念頭或感覺帶出另一個，再帶出另一個，再帶出另一個，如此繼續著。

最後，試著對心今後要走的路有些想法。思索你的心續在今天所剩時間裡會如何流動，然後是明天，接下來的日子、數週、數年……一直到死。屆時又會如何？

想想各種可能：意識之流會突然消失嗎？會轉化為另一種東西嗎？會持續存在，擁有新的際遇嗎？

以稍早所說的理由，仔細地想想這些可能性。儘管你或許還沒獲致任何肯定的結論，重要的是能夠以更開放清明的心來看事情。


迴向　　最後，將你從理解自心上所得的最終洞見，迴向給眾生。

4

分析式禪修

# 關於分析式禪修

　　此處說明的禪修法能夠解決廣泛的問題，也能幫助你對自己內在和外在世界有較實際的看法。

　　第一個就是對空性的禪修，對於任何一種可能遇到的困難來說，這個禪修法都是最具威力的靈丹妙藥。我們要檢視自己對於「我」所抱持的看法：我們認為「我」是實在、長久、獨立的，而「我」正是所有問題的根源。然而，空性的概念其實很難理解，或許你會覺得一開始就進行這項禪修挑戰性太高，那麼可以先讀過就好，待做過其他禪修，擁有更多經驗後再回頭來做。不過，即使只是讓我們對一向所認為真實的自己之存在出現初步的質疑，都仍值得一讀。

　　其餘的禪修法則分別要我們檢視自己對於生命、苦痛、死亡、慈愛和人際關係的種種假設，並且體會到就是這些假設及其附帶的期待，讓我們不快樂及挫折。

　　至於日常生活中遭遇問題時該如何處理，則可參考處理負面能量的章節所提供的建議。

　　在進行這些禪修之前，先花幾分鐘，或者你想要的長度，進行觀呼吸禪修，讓心和緩下來，留意到目前的狀態。

　　然後，開始進行分析。別讓你的心從分析的主題上溜走：愈專心，禪修的效果就愈好。讓你的心融入主題中，用自身經驗中的智性想法、問題、影像、圖像來深入探究。進行的形式可以如

同在心裡講課那樣，對自己說明某個觀點；也可能是辯論方式，一人同時擔任雙方的角色；或者是不拘形式的思想探索。

疑惑可能油然而升，不過無須掩飾。疑惑便是一種問題，而問題需有解答，所以要弄清楚自己的想法是什麼，以及為何有此想法。對於有問題的地方，你可以設法找出結論，或暫時放到一旁，稍後再去處理。若無法自行解決疑惑，最好能尋求承襲分析式禪修傳承的老師或有經驗的學生的協助。

分析過程中，若對主題開發出直覺的感受時，便要暫停分析，以單一注意力保持這項感受，而且愈久愈好。感受過後，再重拾檢視的動作，或者結束禪修。這項把分析式禪修與止結合的動作是必要的——若我們真想讓心轉化的話。在分析式禪修中，我們對於某個特定點加以思索和理解，然後藉由「止」的禪修慢慢成為生命中的親身經驗。

# 對空性的禪修

　　所有佛法教導的目的，都是要讓人逐漸了悟空性。此處，空性的意思是「沒有固有、堅實的特性」。把事物視爲擁有這些特性，其實是錯誤的，若能從自心將這種錯誤的看待方式連根拔除，就代表我們達到證悟——成佛。

　　什麼是「缺乏固有、堅實的特性」？實際上是什麼意思？所謂「固有的存在」，是我們基於直覺所投射在每個所遇到的人、所經歷的事上的一項特質。我們看待事物時，會將其存在視爲完整而堅實，以爲這些本來自存，自行出現，有本身的自性，還獨立於因（原因）、緣（狀況），以及其他部分或能經驗到這些的我們的心之外。

　　舉桌子爲例。我們看到一張堅實、獨立的桌子立在那裡，模樣如此明顯，若要質疑其存在便會顯得可笑。但，桌子究竟在何處？想像一下，桌子被拆開，一塊塊地放在地上，此時，你是否還能找出桌子來？桌子是其中的一隻腳嗎？或者桌面就是？抑是將桌子合成一體的黏膠或釘子？或甚至是其中某個原子？

　　若能徹底檢視，你會發覺，真的無法找出那張你以爲存在的桌子。但這並不意味桌子根本不存在。的確有張桌子，正是我們將零件稱爲桌子的那張，它的存在是有所依的，隨時都在變化，而我們卻不如此看待。這正是問題的核心。我們所經驗到的並非每件事物、每個人的赤裸實相，而是經過心之投射後所出現修飾

過的誇大形象。出於直覺，我們每次的心智經驗都會犯下這項錯誤，而這也正是所有問題的根源。

這項心智上常見的擾亂，源自於我們對自我的誤解。我們是由身（一堆肉、骨、皮、細胞、原子）與心（一條由念頭、覺受、感知組成之流動）所組成，這個組合體就以「春嬌」、「志明」、「女人」、「男人」等名稱來方便看待。此一結果是暫時性的，會隨著肉身死亡以及心流向其他經驗而結束。

這些赤裸、未經修飾的事實，可能會令人不安。我們的一部分（自我）因為渴求安全感和不死，而發明出一個獨立、永久而固有的自我。這個過程並非有意識或蓄意的，而是發生在潛意識的深處。

這個幻想出來的自我，在遭受壓力、興奮或恐懼時會特別明顯。例如，若我們在千鈞一髮之際逃過一劫，會升起強烈的「我差點發生意外，所以必須得到保護」的感受。但這樣的「我」其實並不存在；那只是個錯覺。

由於我們執著於這個虛假的「我」（這便是大家所知的「我執的無明」），我們與世間的一切往來會因而受到不良影響。那些滿足、抬高我們自我形象的人、地、情況會吸引我們，而任何對自我形象構成威脅的，則會以恐懼或憎惡來對應。所有的人與事，我們都截然分明地對待，於是，從我執的根發芽而形成依附、妒忌、憤怒、傲慢、沮喪，以及其他許多混亂、不快樂的心神狀態。

最終的解決方式就是消除這個無明——了悟到我們所投射

在經驗到的所有事物上的虛假特質並不存在，以此智慧來消除無明，讓心得到徹底的轉化。

空性聽起來十分抽象，事實上卻很實際，與我們的生活息息相關。要了解空性，第一步就是試著找出我們認為存在的東西；譬如，找出我們所深信的「我」，然後在分析式禪修中用清晰的推理，推論出該物其實是虛構的，是從未存在的東西，且是根本不可能存在的。

但別把所有東西都一股腦兒丟了！你當然生存著！確實有個約定俗成、一般所謂的自我，與人互相依賴，能夠體驗到快樂及痛苦，會工作、讀書、吃飯、睡覺、禪修以及證悟。首先要做、也是最困難的，就是分別這個確然有據的我和那個虛構的我；我們經常無法加以區分。在專心禪修的狀態下，要辨識其中不同是可能的：能夠看出那足以令人迷惑的我，並且根除長久以來因習慣而形成「我」的信念。這裡所要進行的禪修法，便是朝這方向實際邁出的第一步。

## 練習的方式

**動機**　先以觀呼吸法讓自己放鬆，平靜心神。讓自己為了眾生而努力臻於證悟，以此想法來激勵自己進行這項禪修。

現在，以密探般的警覺，開始慢慢地、仔細地覺察「我」。在思考、感覺、進行禪修的是誰？或者是什麼？它像什麼樣子？你的「我」是自心創造出來的嗎？或者根本是獨立存在的實體，本來就有？

再來，試著把「我」找出來。這個「我」究竟在何處？在你的頭裡面、眼睛裡、心臟裡、雙手裡、肚子裡、雙腳裡嗎？仔細檢視身體每個部位，包括器官、血管、神經。找到你的「我」了嗎？也許這個「我」很微小，那麼也要考慮細胞、原子、次原子粒子。

如果你認為「我」是身體的一部分，如果那個部位在某次手術時被切除了，或在事故中受傷了，「我」會發生什麼事？當你死去，身體不再運作時，「我」又會如何呢？

或許，你認為心就是這個「我」。心是由來了又去，快速接續的想法、感覺及其他經驗所組成，始終在變化和流動，每時每刻都不相同。這些經驗中，那個才是「我」呢？是愛的念頭嗎？生氣的念頭嗎？快樂的想法嗎？還是沮喪的想法呢？

若你認為「我」就是其中的某種經驗，那麼，當那種經驗並沒有在心中出現時，「我」又是怎麼了呢？譬如，若你的「我」是愛，當你心裡只有憤怒的情緒時，「我」跑到哪裡去了呢？整個消失了嗎？當時就沒有「我」了嗎？還是說，你可能有許多個「我」：生氣的我，愛人的我，害怕的我，等等？

你若不能在身體裡或心裡找到這個「我」，那麼或許「我」是其他東西？你是否在身、心之外還有個部分的你？畢竟，我們說「我的身體」和「我的心」，這隱射了某個擁有此兩者的東西是存在的。如果是這樣，那是什麼？何處可找到？這會是什麼樣的現象呢？請你將想得到的每種可能性都加以檢視。

再一次檢視你的「我」到底是什麼樣子，你對這個「我」

有什麼感覺。在如此尋找過「我」之後，你感覺到任何變化了嗎？你還如先前所感覺的那樣，相信「我」是牢靠而眞實的嗎？「我」仍看來是本來就有，自行獨立存在著的嗎？

接下來，在心裡把自己的身體分解開來，想像所有的原子都彼此分離，飄散開了，數十億的微小粒子在空間裡分散。想像著這些，就像眞的看到一般。

再來，把你的心（識）也加以分解，每個念頭、感覺、官感、概念都漂走了……然後檢查一下你對「我」的感覺——「我」在哪裡？「我」是什麼？

可別這麼想：「我的身體不是『我』，我的心也不是『我』，所以我並不存在。」那可就錯了。你當然存在，只是並非以直覺上所感到的那種方式而存在：獨立且固有的某種東西。你那個約定俗成的自我是依存於身和心的，這個組合正是概念性思維中的「我」或「自我」或「春嬌」或「志明」等名稱歸屬的根本，也就是坐著打禪、還在想著「我存在嗎？」的那個你。

不論什麼，只要存在，就必然有原因及條件，或組成部分和名稱。譬如，一部汽車是由鋼鐵、玻璃、塑膠、橡膠所做成的零件、引擎等，經人在工廠中組合起來的。我們把這個組合稱爲「汽車」，但若想找出一部眞實、堅牢、獨立存在的汽車，卻是不可能的。

所以，一般所謂的事物，是彼此互依而存在，在了解了互依互存之後，也就直接促成對於事物的究竟本性，亦即空性的了解。也就是說，一般所謂的物件，具有與他物依存關係的本性；

究竟地說，物件的存在不具有固有、獨立的特性，這也是其本性（即空性）。

　　現在思考一下你所謂的身體如何存在？必須依賴皮膚、血液、骨頭、腿、臂、器官等等。同樣的，這些部分也各自依賴其組成部分而存在：細胞、原子和次原子粒子。

　　想想你的心是如何依賴想法、感覺、概念、官感而存在，這些經驗的每一回，也必須依賴先前的意識經驗才能帶出。

　　現在，請回到你對自我或「我」的感覺上。想想一般所謂的你是如何存在的？必須依賴身、心與名稱——這些就是自我的組成部分。

　　譬如，當身體感覺到餓或冷時，你會想到「我餓了」，「我好冷」。當心裡對某件事物有了想法時，你會說「我想」。當你感受到對某人的愛意時，你會說「我愛你」。在自我介紹時，你會說「我是某某某」。

　　除了這種「有賴於始終流動、始終變化的身心之流」意義下的我之外，還存在一個堅實、不變、獨立的我嗎？

　　這樣固有存在的我並不存在，這就是自我的空性。

　　**迴向**　　結束前，請對你（你的自我）的存在型態得出一個結論。最後，真誠地把獲得的所有能量和洞見迴向給眾生，願他們證悟。對此次禪修，應視為在獲得對空性最終而直接的洞見、可以切斷苦痛及不滿足的根之前，所踏出的一步罷了。

# 珍惜人身

　　分析式禪修的功能，在於幫助我們看出並深入那些造成不快樂和不滿足的錯誤態度和見解。人生經驗取決於我們對事物思考及感受的方式，因為我們大多數時候並不以事物真實的情狀來看待它們，所以便會遇到一個接一個令人喪氣的狀況。

　　只要我們還一味怪罪父母、社會或其他外在因素，就永遠無法針對問題找到滿意的解答。問題的主因在於自己心裡，因此我們必須負起責任以改變錯誤的思考方式，也就是為我們及他人帶來不快樂的地方。

　　這一點可藉由禪修做到，因為禪修能夠讓我們逐漸察覺自己思考和感覺的方式，分辨正確和不正確的態度，最後運用適當的方法來對治有害的態度。

　　我們對於自己和人生的感受是許多問題的起點。人身存在是很寶貴的，但我們通常不會心懷感激。我們擁有如此多的潛力、潛藏的智慧和愛的能力可以貢獻給世間，卻視而不見，渾然不覺，讓自己在愁雲慘霧中度日，把焦點放在自己性格的缺點上，我們與人和事的失敗經驗上，或者，譬如我們對他人所造成的傷害上，於是造成了一種對自己並不公平的低度評價，使得自我形象日益牢固，認為自己無能、不夠好，因而覺得毫無希望，充滿沮喪。或者，我們的眼光朝向他人，希望尋得快樂及成就感。然而，朋友很可能對我們也有相同感覺，因此這種關係通常只會帶

來更多的挫折。

我們可以把潛藏的快樂和滿足釋放出來，要做的事情就是開始覺察心智運作的過程，然後將能辨別的智慧應用到身體、言詞、心神（即身、語、意）的所有行動上。但若只是希望能做到此點，卻沒有完成必要的基礎工作，則只會帶來挫折。首先，我們要做到符合實情的自我認識，打好堅實的基礎，必須同時接納自己的優缺點，下決心培養性格上好的部分，轉化或消除壞的部分。如此，最終將可看到自己生而為人是何等幸運的事情。一旦了解這點後，便可開始訓練我們的心，以臻於證悟。

一旦能深入而仔細地探究自己，會發現日常問題都變得無足輕重，反而是我們的投射及概念化讓問題益形複雜，膨脹得失去了方向。若放縱自己沈溺在問題裡，這些問題便會更加擴大，讓我們陷入深度憂鬱和絕望的境地。一旦沈迷於自艾自憐中，將更無法看出事實上是自己製造了這些放大的問題，也是自己造就了這種抑鬱的情況。

此處的禪修法具有矯正生活中負面狀態（如憂鬱和絕望）的作用，協助我們認出自己的好運，以及能夠獲得真正快樂與滿足的獨特潛能，因而充滿歡喜。了解到自己具備這樣的潛能後，很自然地會讓我們充滿生命的喜悅與熱忱有誰在知道自己握有自我實現之鑰時，不感到興高采烈的呢？同時，由於看出自己擁有的好運，也就能清楚看到許多遠遠不如我們幸運的人，因而對他們產生真正的悲憫心，並主動關懷他們的困境。

## 練習的方式

背脊端正而舒服地坐好，身體放輕鬆，消除所有緊張。花幾分鐘，用觀呼吸法（第46頁）或九節佛風（第38頁）讓心平靜下來。

**動機**　讓心沈靜，安處於此時此地之後，生起一股要從事此禪修的正向利他動機。譬如，你可以想：「祈願此次禪修能為我和大家，為全世界帶來更大的平安快樂」；或者，「祈願此次禪修能讓我更接近證悟，以幫助眾生也得證。」

一開始，先深思心的本性為清明純淨，擁有開悟的潛能：證悟是一種全然純淨、良善、圓滿的狀態。這點於你、於眾生，都是事實。譬如，你可以這麼想：「眾生的本性如天空般清澈、遼闊、無涯。我們的負面想法和情緒並非心中長久不變的部分，而是短暫的，似飄過天空的雲彩。由於這些都來自無明與誤解，所以可加以清除，心可以開發為全然純淨正面的狀態。」

若你對於心具有證悟的潛能這點難以接受，或許可以想想自己所擁有的正面特質——才智、慈心、悲心、慷慨、勇氣等等，並提醒自己這些特質都可以更深入地被培養，同時能夠讓自己的人生為別人帶來益處和快樂。

花些時間好好想一想這點，並為自己內在潛藏的能力而歡喜。

雖然眾生都有轉化自心而開悟的潛能，但並非所有眾生都處

於可看出這項潛能並加以開發的理想狀態。一般來說，身為人所處的狀態是最好的。非人的眾生，有的身受太多磨難，有的因為無明和其他妄念而無法開發自身的潛能。

舉例來說，想像一下身為一頭野獸會是什麼樣子。野地裡的動物沒有人照顧，可能遭遇餓、渴、熱、冷、病、傷等狀況，總是為了活命而擔心受怕。被馴化的動物，雖然際遇好一點，但卻失去了自由，也常因為身上的肉、毛皮或可以作為其他製品而被殺害。所有的動物，即使最有智商的種類，心智能力仍十分有限，無法開發自己的智力或性靈。想想這點，對於自己生而為人而感到幸運。

再者，並非所有人都處在合適的條件，而得以認出或開啟自己的潛能。譬如，想像一下身為窮困的乞丐或是身處戰區，大多數的時間和精力只能耗費在設法讓自己和家人活下去；很少或根本沒時間思考精神修持之類的事。

再想想罹患嚴重心智失能或疾病的人，要他們理解這些關於心的潛能和開發方式的教導，是難以做到的。或者，因為身體的某種狀況而帶來巨大的疼痛、不適和不便，也會阻礙你對性靈教導的學習和修練能力。

有些人沒有管道可以接觸到這些解釋心之潛能和開發方式的性靈教導。想像自己一輩子待在某個偏遠的小村落，那裡的人連證悟都沒聽過，當然就沒有學習開悟的機會。

另外有些人可能已經察覺自己所擁有的潛能，想要修行卻被阻止。譬如，有些國家的人民無法享有宗教上的自由；有些人則

是因為父母、配偶或子女的反對。想像自己處在這種情境下的難處，便可感到擁有自由的可貴。

還有許多人儘管身心健全，物質豐裕，擁有學習性靈教導的自由與機會，但就是沒興趣學。他們有興趣的對象在別處：累積財富、土地、財產、獲取世俗的知識技能，或只是盡可能的享樂。他們不曾考慮這些事在死亡時都要放下，如同醒來後夢境便消失，只有心會繼續前往下一世。

有些人犯下傷害的行為，如殺戮、偷竊、虐待、不誠實，卻不明白這些作為除了會折磨自己和他人，更將成為發覺真正潛能道路上的障礙。看到自己能對證悟產生興趣，能以於己於人有意義、有益處的方式來運用人生，是多麼幸運的事。

接下來，想想你所擁有的正面特質及長處。你是人，擁有聰明的頭腦、愛人的心，以及身軀可供你善用；擁有關心、支持你的家人、朋友、性靈老師；有機會去追求創造、智性和社會各方面的興趣；你的生活水準很好，或至少過得去；最重要的是，你擁有能力和機會來探討、了解自己的心，並予以轉化。

即使生活上所擁有的自由和舒適並不如期待，即使每天都有一些艱難的問題和挑戰要面對，但是不論身在何處，生活狀況如何，你始終可為自己的心做些事。

想想看，地球上能和你一樣擁有這些自由與機運的人或生物，是何等稀少。你若深入思考，便會明白自己的生命是如何地稀罕而寶貴了。真的要珍惜這樣的好運。

看到自己的人生並沒有那些不利因素，同時擁有一些優勢，

便該決定如何善用這個可貴的機會。想想那些向你敞開機會的大門——工作、旅遊、享受、學習。你若想服務別人，幫助那些不如你幸運的人，機會是數也數不完的。但是，你能做的於己於人最有意義且最有益處的事，就是在性靈上開發自己：克服自心的負面部分，增進正面部分，並實現證悟的潛能。

試著看看把重心放在物質享受上的生活形態的侷限之處。想想，名望、財富、名聲及官能上的放縱，若拿來和證悟的目標相比，是如何的無足輕重。當我們所能做到的要比世俗的成就多出許多時，為何卻只自限於此呢？

看看自己能否對於身處狀況的非比尋常，感到一種喜悅和感激。請下決心，明智的運用自己人生，盡最大努力讓自己不傷害人，並盡力助人，培養慈愛、悲憫心、智慧和其他正面特質，讓你的潛能在最大程度上得到實現。

**迴向**　　最後，將禪修中所得的能量和啟發迴向給眾生，願他們能得到究竟的快樂。

# 觀無常的禪修

在真實世界中，一切事物都是無常的，隨時都在變化。有些變化很明顯：人會長大、老化、死去；建築物和橋樑久經使用後會損耗毀壞。季節變換，景色也截然不同；花朵會凋謝，漆面會龜裂剝離，汽車也會故障。

我們可以追蹤這種外部轉變，直到細胞層次或物質的分子組成，而那裡所發生的變化對肉眼來說，便不再那麼明顯了。在這種看不見的層次裡，細微的粒子不斷出現又消失，聚攏又分散，擴張又緊縮──始終在動，不斷在變。

我們的意識世界也在不斷地變動。我們有時會高興，有時會沮喪；有時覺得充滿愛意，有時則充滿了怒氣。談話及事件的記憶，將來的想法，跟這事那事有關的念頭，一個又一個地填滿了我們的心。只需花點時間向內看，就會發現自己的心變化之快，可比尖峰時間的火車站！一道道想法、感覺、觀念之流四下飛閃而過，沒有停歇。

「始終在改變」是事物的實況，但我們卻難以接受。在智性層面上，這並沒有問題；但從平日的舉止和體驗來看，我們卻很少真正接受無常，甚至根本就排斥。基於天性，我們依附人和物，好像這些是恆久不變的。我們不樂見好人或美麗事物生變的情況，同時堅定地相信討厭的人始終那麼令人討厭；當心灰意冷或不如意時，則以為自己永遠會是如此。

我們更不願捨棄對自己個性所抱持的看法：「我是消沉的人」，「我的脾氣不好」，「我不夠聰明」。或許我們真的是這樣或那樣，但這並非全貌，也不會永遠如此，而是會改變的。

由於無法認知到無常的道理，我們會遭遇挫折、惱怒、傷心、孤獨，以及其他無數的問題。其實我們可以更熟悉事物的無常本質後，看出事物始終在流變的狀態中，而免於再次體驗上面提到的情緒，並逐漸學會把變化視為生命的本質，加以對待和接受。

我們會明白，不僅世事在變化，我們自身也可帶來變化。我們都擁有改變自己，並把自己的心和生命加以開發與轉化的力量。

## 練習的方式

**動機** 舒服的坐著，完全放鬆自己。花點時間專注在呼吸上，沉靜下心，集中精神。待你的心平靜地安住於當下時，讓自己升起一股做此項禪修的正面動機。舉例來說，你可以想：「祈願這次禪修能為眾生帶來更大的平安和快樂。」或者：「祈願此次禪修能成為我開悟的因，讓我可以幫助眾生脫離苦痛並證悟」。

接著，將覺察力放到身體上，觀想身體的各個部分——臂、腿、頭、皮膚、血、骨、神經、肌肉，一一檢視，並用你的感覺來「探查」。深思這些部分的本質：構成的成分、質地、形狀、大小。敏銳地感知運作中的身體，設法察覺每一刻都在發生的變

動：呼吸的進出、心的跳動、血液的流動、神經脈衝的能量。

進一步去覺察身體細微層次的細胞結構，那是完全是由活生生的細胞所構成的，正在形成、四處移動、再生、瀕死、分解。

在更細微的層次上，身體所有部分都是由分子、原子、次原子粒子所組成，這些也都一直在變動中。對於身體每一刻都在發生的變化，試著真正獲得一些感覺……

現在，把注意力放到心上。心也是由許多部分所組成：想法、觀念、感覺、記憶、影像，一個接著一個，毫不停歇。花幾分鐘，就只單純看著心中那始終在變動的經驗之流，就像是從窗戶望出去，看著街上熙攘的車輛和行人那樣。對心中所見之事，不要出現眷戀的情感，也不要生起批判或發表看法──就只是看，然後試著對自心之無常與不斷變化的本質得到一些感覺。

在思考內在世界（你的身與心）的無常後，將覺察的範圍延伸到外在世界。想想周遭的事物：你正坐著的靠墊、坐墊或床，房間的地板、牆壁、窗戶、天花板，房間裡的家具和其他物品。思維一下，儘管這些物品看起來堅實而靜止，實際上卻是由一群微小粒子聚集而成。持續體驗這種經驗一段時間。

然後，讓你的覺察力向外擴展，超出房間的牆壁。想想其他人：他們的身與心也始終在變動，保持不變的時間甚至不到一瞬。所有眾生都是如此，不論是動物、鳥類，還是昆蟲。

想想世界上、宇宙間所有的靜態物件：房子、建物、馬路、汽車、樹木、山脈、海洋、河流、地球、太陽、月亮、星辰。這些東西都由原子及其他微小粒子構成，始終變動不居，每時每

刻，每一毫秒。不變的東西並不存在。對此，讓自己專心體驗一陣子。

禪修時，任何時候，若對事物變易的本質出現清楚強烈的覺受，就把注意力穩固地放在上面，愈久愈好，不要分心（也就是做「止」的禪修）。讓你的心沈浸在這種體驗中。當感受消退或注意力開始游移時，再回頭對你的身體、心或某個部位進行無常分析。

結束禪修時，心裡想著：依戀事物，好像它們永遠不會變一樣，並不符合實際情況，而且會令自己挫折不已。不論多麼美麗宜人的事物，都會變化，終究會消失，因此，我們不能期待這些事物會帶來永恆的快樂。同樣的，不論什麼不舒服或惱人的事物，也不會永遠，甚至可能會愈變愈好！因此不必難過，也不要排斥。

迴向　　將你所得的正面能量和洞見迴向給眾生，希望他們快樂。

# 對死亡的禪修

當我們首次得知對死亡進行禪修這樣的概念時，可能會很震驚。我們或許會認為，禪修應該是一種處理愉快的經驗，而死亡及相關事物，如悲傷掉淚、黑色服飾、骷髏、墳場，卻只會帶來恐懼和驚慌。我們將死亡視為對生命、美好和快樂的否定，屬於不該被提起和思索的範疇。

然而，為什麼我們的態度如此不切實際？為何不能平靜地接受死亡存在的事實，就像接受昨日的鮮花今日便要枯萎那樣？變化、解體、死亡，都是生命中自然而無法避免的層面。

佛教認為死亡是身與心分離的時刻，之後，身體便分解，而心則繼續前往下一世。約定俗成所說的自我或我，是依賴此一身心結合體而存在的，死亡時便要結束，下一個新生命的自我則會有不同的形象。因此，死亡不是停止，而是過渡和轉變。

我們對死亡會感到不安，不願面對，原因在於無明。我們依戀自我的形象，以為那是恆久不變的，並希望自我能永遠存在。我們或許不會意識到這種期望，不會用思想或言語表達出來，但確實是存在的；這也解釋了為什麼當生命遭受威脅時，我們會本能地逃開、抵抗或防衛。

這並不意味著我們想活下去有何不妥──生命確實很寶貴。但若能對那不願死亡的「我」之本質加以檢視，應該會有幫助。想要延長生命的希求並沒有錯，問題在於我們究竟是誰或是什麼

的基本想法上。「我就是這個身體，或這個肉、骨、血所組合的某一部分嗎？」「我就是我的意識面嗎？」「我是有別於我的身、我的心的某物嗎？」

了解空性，即並不存在一個固有而恆久不變的自我，可讓我們從害怕死亡，以及任何對死亡的恐懼及誤解中重獲自由。然而，在尚未到達這個境界前，仍要對無常與死亡保有一份覺知，這很重要。

從事這個禪修主要有個好處，就是我們必須決定什麼樣的態度和活動是真正值得去做、去擁有的。人生具有特殊意義，因此我們有機會得以在性靈上獲得成長：培養愛心和慈悲，清明與智慧，最終臻於證悟。每一個人都有此潛能。

但生命短暫，死亡隨時可能降臨。若在死亡之際仍未開始從事唯一能為自己或別人帶來長久好處的工作，是很可惜的。現有的生命及所有經歷，很快會成為過去，依戀世間事物就像追逐彩虹一般。我們若謹記這點，便不會浪費時間去追求俗世的一切，而會理智地利用時間，避免負面的種種，也就避免製造不快樂的肇因，並培養正面的種種，也就促進快樂的因。

我們如何過日子，不可避免的也會影響著如何死去。若我們平和的生活，死時也會平和；若我們從沒好好思考死亡，因而沒能為死亡做好準備，死時可能就會感到恐懼和遺憾，如此的心神狀態只會加重受苦的程度。

帶著恐懼和遺憾看待死亡，是毫無必要的。事實上，死亡也能帶來啟迪，不過死亡於我們究竟會是怎樣的經驗，則端視我們

一生中每時每刻如何過日子。生時對死的覺察，可以幫助我們處在當下，看待過往如夢、希望如幻，讓心境更穩定滿足，熱切的想善加運用人生。

覺察死亡的禪修方式有許多種，以下的說明必須深思九個要點。這九個要點均可歸屬於三大點：

· 死亡必然發生。
· 無法確定死亡的時間。
· 死亡之際，唯有性靈上的洞見能夠幫助你。

依此九點來進行禪修，又有不同的方式。一種是一次把這九點都加以禪修；另一種是一次進行一要點，所以要九次才完成所有要點；第三種方式則是每次進行一個大重點及其三個要點。請選擇適合自己的方式來進行。

## 練習的方式

先做好準備，以舒服的姿勢端坐，背部挺直，身體放輕鬆。花點時間讓心安處此刻，放掉那些關於過去和未來的念頭，下決心在禪修時把心放在禪修的主題上。

**動機**　待你的心安住於當下後，心生一股進行禪修的正面動機。例如，你可以想：「祈願這次禪修能為眾生帶來更大的平安和快樂。」或者：「祈願此次禪修能成為我開悟的促因，好讓我能幫助眾生脫離苦痛並得證。」也可以考慮念誦 190 頁到 194

頁的祈請文。

接著，讓心放輕鬆但又全然專注，對以下要點進行深思，同時可把自身的經驗與體悟，或者聽過、讀過的事物帶進來。試著深入感受每一要點的內涵。要記得，禪修時，不論何時，若對檢視的要點獲得某種直覺上的強烈體驗，必須讓自己專注地感受這種體驗，並盡量持久。

## 死亡必然發生

我們會為了數天後的、數個月的、甚至數年要進行的活動和專案，預先做許多規劃。然而只有死亡是必然會發生的，我們卻反而沒去多想或計畫。即使內心浮現死亡的念頭，我們也會立刻推開，不願意思考死亡這件事。然而，對死亡加以考慮並做好準備，是很重要的。深思以下三點，便會對死亡必然會降臨在自己身上有些覺受。

### 1. 每個人都會死

要能體驗到死亡的必然性，可以先想想以前的人：著名的統治者、作家、音樂家、哲學家、聖哲、科學家、罪犯，以及一般人。這些人都活過──他們工作，思考，寫作；他們相愛又爭吵，既享受人生，同時也受苦。最後都死了。

是否有人活過而不用死的？不論多麼有智慧、有錢、有權、受歡迎，人生終有結束之時。這點在其他眾生身上也同樣真實。儘管科學及醫藥已有長足進步，還是沒有發現治療死亡的靈藥，

而且永遠也不會有。

　　現在，想想那些你認識但已死去的人，也想想那些你認識而還活著的人，思忖一下他們之中的每個人總有一天都要死去。你也一樣。

　　當今世界有數十億人口，一百年後，這些人全都死了——除了少數現在年紀還小的人之外。你自己也會死。試著以全部的身心來體驗這個事實。

## 2. 你剩下的日子一直在減少

　　時間不曾靜止，一直在流逝。秒過後是分，分積累成時，時成為日，日成為年，時間這麼地流走了，而你也愈來愈接近死亡。想像一下沙漏中的沙子往下頃洩。你所擁有的生命時間就像沙粒，正不斷地減少……。運用覺察力體驗這股無法中斷、將你帶往生命終點的時間之流一段時間。

　　若你從飛機上掉落，身上卻沒有降落傘，便會十分清楚死亡正在逼近。想像這種事真的發生在自己身上，看看心裡會出現什麼想法和感受。

　　你生命中的真實情境並沒有多大不同：你一直在接近死亡，做任何事都無法避免或延遲。

## 3. 生命中用在開發自心的時間很有限

　　既然死後只有心識會繼續存在，那麼當你死時真正還有價值的，就只有你一生中所產生的正面、建設性的能量了。但你實際

上花了多少時間在了解自心、對人和善、培養智慧及慈悲上呢？

　　平常的日子裡，你平均會睡幾個鐘頭？工作幾個鐘頭？花幾個鐘頭在準備食物、吃東西、參與社交？還有多少時間是花在感覺心情沉重、挫折、無聊、氣憤、憎惡、嫉妒、偷懶、挑剔上頭的？最後，在試著有意識地改善自己的心神狀態上，你又花了多少時間呢？

　　誠實地計算一下這些項目。藉由實際將自己所過的日子估量一次，便可清楚看出，你究竟花了多少時間在真正有益自己和他人，以及在死去時和下一輩子都有助於自心的事情上面。

　　對此三要點進行禪修後，應能讓你下定決心以明智而專注的方式來運用自己的人生。

## 無法確定死亡的時間

　　深思過前三點後，你應能接受自己必然會死去這個事實了。但你可能會想，死亡是很久以後才會發生的事。為什麼你會這麼認為呢？你有辦法確知死亡的時間嗎？思考過以下三要點後，你對於死亡時間確實無法肯定且屬未知這個事實，就會有些覺受了。

### 4. 人的壽命長短無法確知

　　一個人在某個年紀死去，譬如八十八歲，便有充足的時間可以為死亡做好準備。但此種確定性並不存在，因此多數人在死亡

降臨時都會感到訝然。

生命隨時可能結束：誕生時、童年時、青少年時、二十二歲時，或三十五、五十、九十四歲時。想想那些你認識或耳聞的，在你現在這個年齡前便死去的人⋯⋯

年輕健康並不保證可以活得長久—— 有些孩子比父母早死。健康的人有可能比身染重症如癌症的人，更早去世⋯⋯。我們可以希望自己活到七老八十，卻無法確認是否能如願。我們甚至無法確認自己今天會不會死去。

要認同死亡確實隨時會降臨，事實上很困難。我們會覺得自己已經活了這麼久了，應該就能活得更久些。但每天都有幾千人死去，其中真正能預料到的實在不多。

請心生一股自己全然無法確定死亡時刻的強烈感覺；一種對於自己能否活得長久完全沒把握的覺受。

## 5. 致死因素有很多

死亡的方式有許多種，有些是外來的，包括自然災害，如地震、洪水、火山爆發；有些則是意外，如車禍或飛機失事；還可能是由於別人的行為，如殺人者或恐怖份子，或是危險的動物、有毒的昆蟲。

死亡也可能由內在因素所造成：有數百種疾病可能剝奪我們的健康，導致我們死亡。也有些情況是，人雖然沒有生病，但身體卻出了問題，可能在睡眠中或各處走動時就突然死了。另外，年紀老了，這點沒有人可以逃避。甚至正常情況下用來維持生命

的東西也可以造成死亡，譬如，食物是我們賴以為生的東西，但食用過量或吃了遭受污染的食物後，卻可能會死亡。醫藥在正常情況下能夠維持生命，然而人有時會因為吃錯藥或用錯劑量而致死。房子和公寓讓我們住得舒服，但有時會發生火災或倒塌的意外，造成人員的死亡。

人的死亡可在睡夢中，在子宮內，在工作結束返家時，在上學的路上，在遊戲場上，在準備晚餐時。死亡可在任何時間、任何情況下發生。回想你所知或所聞的那些已死去的人，想想他們的死法。要想到這些事情也可能發生在你身上。

### 6. 人身十分脆弱

我們的身體很脆弱，很容易就會受傷或被疾病打倒。只消幾分鐘，便可使人身由強壯活躍變成嚴重虛脫又渾身疼痛的狀態。

此時的你也許覺得自己很健康，精神抖擻，有安全感；然而，僅僅小如病毒或無足輕重的東西，譬如一根小刺，便可榨乾你所有的力氣，造成死亡。

思忖一下：回想你對身體曾造成的傷害或身體曾受到的傷害，這樣的事多麼有可能再次發生，甚至造成你的死亡。

你的身體不會永遠堪用。在人生過程中，你或許可以設法避免生病和發生意外，但年紀終究會突然將你擊倒——你的身體會退化，不再美麗，也不再有活力，然後死去。

對第二組的三個要點進行禪修，我們便可下定決心從現在開始進行心之轉變的工作，因為未來實在難料。

## 死亡之際，唯有性靈上的洞見可以幫助你

以家庭、朋友、財富、權力、遊歷、經驗等方面來看，不論我們一生獲得或培養了多少，死亡時，沒有一樣會跟隨我們而去。只有我們的意識之流會繼續，並帶著我們思想、感覺、說話、行為所留下的所有印記。死時能盡量擁有較多的正面印記（這會促成日後的好經歷）和較少的負面印記（這會帶來日後的苦痛），是件至關重要的事。同樣的道理，我們也應設法在死前跟自己取得和解，滿意這輩子過日子的方式，別在身後還留下與人未解的衝突。

死時對我們還眞正有益的，就只有正面的心神狀態，例如信心（參閱第 186 頁），對於正在發生的變化能不抱著留戀並平靜地接受，以及仁慈、慈悲、耐性、智慧。但要能在死亡之際處於這些心神狀態下，我們必須先在生活中熟悉它們，這也正是性靈修行的精髓。了解這點，我們便有動機開始從事性靈修行，並趁我們還有時間時多多練習。

深思以下三要點，觀想自己眞的快要死去，你可以對此現實獲得強烈的感受。


### 7. 心愛的人也幫不了忙

當遭遇到困難或害怕的狀況時，我們通常會想到心愛的人：家人和朋友。因此，很自然的，在臨死之際，你也會希望他們在身邊。然而，他們卻不一定會在——或許你身處異鄉。

即使在你將死之際，他們能夠與你同在，但他們能夠幫你嗎？儘管他們很愛你，不想讓你死，卻也愛莫能助。他們也有可能不知道該說或做什麼以讓你心安；相反的，他們為了就要到來的分離而悲傷、憂慮，可能反而讓你生起同樣的情緒。

我們死的時候，是一個人走的，沒有人可以陪我們走，就算是最親近、最喜愛的人也不能。若無法接受這點，不能放開對心愛的人的眷戀，就會讓心處於煎熬中，以致死時難以平和。

要覺察到自己對於家人、朋友所抱持的眷戀之情，應試著了解，若對人懷抱著強烈的眷戀，死時將無法保有平和的心境，所以，最好努力讓這種眷戀的強度減弱，並學著放手。

### 8. 所擁有的物品和讓你歡喜的享受也幫不了忙

由於在世時花了大量時間在擁有物和資產上，你也從中得到許多享受和滿足，所以當死亡來臨時，你的心大概也會想到這些東西。但這些東西當中的哪一樣，能夠在死時為你帶來舒適與平和？你的財富或許能讓你擁有醫院中的一間單人房和最好的醫療照護，但也就只是那樣而已。財富無法讓你不死，而死後你也無法帶走一點點，連一毛錢都不行。死亡之際，你所擁有的東西不但無法幫你，還可能使你的心反覆煩憂——誰會得到哪些？他們是否會好好照顧「你」的東西？因此，這樣的情況會讓人很難在死時處於平和而超脫的心境。

好好想想這些要點，看看能否幫助你了解這事的重要性：要學著減少依賴和眷戀物質方面的東西。

### 9. 身體也幫不了忙

你的身體從出生以來，一直都像你的同伴一樣，你對身體的了解，要比對任何事物或任何人都詳盡。你照顧並保護著身體，為它擔心，讓它能舒服健康，餵養和清洗它，與它一同經歷各種快樂和痛苦——身體一直都是你最珍視的所有物。

但現在你就要死了，這意味著你要與身體分開了。你的身體會變得衰弱，最後毫無作用：你的心將要脫離，而身體會被帶往墓地或火葬場。如今，身體還能為你做些什麼呢？

深思自己對身體的強烈依賴和眷戀，想想死亡之際，身體並無法對你有任何助益。若因為要離開身體而感到遺憾及恐懼，只會讓你多受些苦。

對最後這三點進行禪修後，我們應能了解，減少自己對此生人事物（如家人及朋友、所有物、自己的身體）的眷戀所做的努力，有多重要了。同時也應了解照顧好自心的重要性，因為唯有心會延續到下一世。「照顧好自心」的意思是努力減少負面心神的狀態，如憤怒和依戀，並促進正面特質，如信心、慈愛、慈悲、耐性、智慧。

進一步來說，因為此生所作所為所留下的印記，會跟著自心前往下一世，且影響屆時的身世和經歷，所以，此生顯然應該盡力讓自己不做負面行為，而多做正面的事。

在進行此禪修時，可能會出現害怕或悲哀的情緒。從某方面

來看，這樣也好，表示你對這些觀念的態度很慎重，並充分地予以深思。況且，能覺察自己對死亡的真實感受也很重要，如此便可著力在為死亡做準備的工作上。若能對自心下功夫，便可超越恐懼、悲哀、依戀，以及其他讓死時難有平和心境的情緒。

恐懼是由於緊抓著「自我是長久不變的」這種想法所致，但這樣的自我並不存在，以致這種錯覺只會讓我們痛苦。我們的心裡若能以輕鬆開放的態度來看待死亡，將死亡當成是人生中自然且無法避免的，並加以接受，則此種依戀便會漸漸鬆動，如此一來，我們才能真正做到留意，並讓所作所為於人於己都可以是正面且有助益的。覺察到死亡讓心裡產生巨大的能量不去浪費生命，且盡可能讓生命活得更有意義。

**迴向**　結束禪修時，心中懷抱樂觀的想法，覺得自己很有機會讓人生變得有意義而正向，在死時將可安心。

回想開始禪修時所抱持的動機，將禪修所得的功德迴向給那時的目標——希望眾生得益。

# 對業力的禪修

諸惡莫作，

眾善奉行，

自淨其意，

是諸佛教。

——《法句經》


　　若事物的存在真的都缺乏固有而獨立之特性，我們為何會有時快樂，有時卻沮喪悲哀呢？為什麼人會遇到好事，又遭遇壞事呢？我們的心仍對事物的空性有著無明，而如果心不能擺脫這種無明，便只能繼續受折磨；這是一種解釋。但另有一種解釋，就是雖然在實相的究竟層次上，萬事萬物都有空性，但在相對層次或一般情況中，我們所擁有的經驗仍受制於因果法則，也就是業。

　　業（*karma*）是個梵文的字，意思是「作為」，指的是「我們所做的事，是以後所要經歷的影響或結果之因」這個過程。正面作為帶來正面結果，像是來世有好的出身、有錢，能得到所需要及想要的，別人能善待我們；負面作為則帶來不幸的結果，像是不好的出身、健康問題，無法得到所需要及想要的，被人虐待。

　　業的法則就是因果法則。但我們用「法則」這個字眼時，要

了解指的是自然的法則，就像萬有引力的法則（定律）那樣，而不是某人（如佛陀）所創造的律法。由於佛陀在禪修中得到洞見而覺察到業的法則，他把這法則解釋給我們知道，好讓我們對自己的生命和經歷有更好的掌握力。若我們在了解業之後能夠盡量不做負面作為，只做正面行為，就會體驗到更多快樂，受較少的苦。很自然的，我們的行為會產生結果，就像吃營養的食物便會身體健康，吃不健康或受污染的食物則會生病一樣。不過，並不會有人因我們的正面作為而給予獎賞，或者因負面作為而懲罰我們。

## 業的常見問題和誤解

有時我們會猜想，業的法則是不是只適用那些相信業的人，而不知道或不相信業的人則不受影響。若真是如此，那還是不要知道比較好，而這也表示佛陀跟我們說這些是幫了倒忙！但實際上，業是一條普遍的法則，適用於所有眾生，不論他們是否知道或相信。這很像萬有引力──眾生都受到萬有引力的牽制，不管他們是否察覺；也像毒──不論誰吃到毒都會生病，不管他們認為那個東西是否有害。

另一個常見的問題是：業是否意味著我們不具有自由意志。對不知道有業的人來說，並沒有或幾乎沒有自由意志，因為他們不知道經歷好與壞的肇因何在。儘管他們也想要快樂和成功，不喜歡遇到問題，但卻可能沒讓自己去做可帶來快樂的作為，例如，誠實和寬容；反而做了恰會帶來問題的事情，例如，說謊和

欺騙。從另一方面看，知道業的人可以自由地做些能為自己帶來所希望的快樂，並避免不樂見的問題。因此，業意味著我們就是創造者：是我們（而非另有創造者，也不是別人或環境）該為自己的經歷負責任。

　　有些人覺得既然萬事萬物都是空的，也就沒有好壞對錯了。這種想法完全是誤解，對我們的性靈發展十分不利。已證悟者和對於空性擁有直覺上、而非概念式理解的人，會把所有事物都看待為具有相同本性：缺乏固有的存在性。但「缺乏」的意思並未否定事物的相對層面，亦即約定俗成那一面。在相對的層面上，事物仍是存在的，且其存在受制於相依互存的法則：它們需要其他事物才會存在，如其原因和條件等。究竟來說，事物都屬空性；但相對來說，有來自負面行止的苦與惑，也有來自正面行止的樂。所以，業，也就是因果，當然存在，若我們能順應這一點來生活，便屬明智。

　　對某些人來說，要他們接受業的概念沒什麼問題；甚至，他們一輩子可能對於業都抱持著某種直覺上的理解。不過，還是有人對業抱持懷疑的態度，要求提出證據。但要找出確實的證據確有困難，因為業在心裡面，而心並非物質面的東西。業的運作方式是：當我們用身、語或意（心）做了某件事後，心識便會留下細微的印記，類似於拍電影時留在底片上的印記。之後，當我們遇到適當的原因和條件時，心靈上的印記就會以在心中出現體驗的形式展現，類似於底片沖洗後的成影。

　　耶喜喇嘛曾表示，我們可在自己的人生中看到業的運作過

程。當我們處於不好的心境時——不滿意自己和人生，或對這個世界不滿，那麼所有事情都會變糟，我們會把問題引進門來。但如果我們處於好的心境中，以尊重和體貼善待別人，便可能會有好的經歷。因此，我們自身的經歷，即證明了態度與行為會影響日常生活中會發生什麼樣的事情。

若你難以接受業的概念，可以檢視一下自己的理由，問問自己這些理由是否合理、能否站得住腳，這樣或許會有幫助。譬如，或許你因為業是個外來的概念，並非由家人或教育體系中得知，所以難以接受。但這是駁斥業存在的好理由嗎？

有些人覺得業的想法讓他們不自在，他們認為：「如果我的生活有許多問題，便表示以往我做了很多壞事，那我一定是個壞人了。」這項結論並不正確。「壞人」這樣的東西並不存在。所有尚未得證的眾生，他們的心仍為無明與誤解所苦，而無明與誤解都會讓我們在行事上較不善巧，為自己和別人製造問題，但這並非我們存在的全部面貌。我們擁有潛能，可以脫離無明、誤解及業力而完全覺醒，並有慈悲心。雖然我們無法消除過去的所作所為，但可以從今以後改變自己，而業的教誨會告訴我們該如何開始。

有時我們會比較注意到業的負面——「做了壞事，壞事就會降臨。」但可別忘了業也有正面的一面。重要的是，應該記住生命中所有的好事——我們擁有人的生命型態這件事就是，還有大致上還不錯的健康狀態，有人對我們好、幫過我們忙，有機會學習並修練性靈上學得的教誨；要知道，這一切都是因為我們過

去造過許多善業所致，而我們還可以在此生繼續造善業。

　　對業力的禪修有兩個目的：能覺察到自己是有責任的，也就是我們是自身經歷的創造者；以及學到哪些作為會帶來苦痛而應該避免，哪些作為會帶來快樂而應該去做。

## 練習的方式

　　舒服地坐著，放鬆身心。將關於過往與未來、處所和人物的念頭都放開，下定決心集中注意力在當下和禪修上。

　　**動機**　　內心升起一股進行禪修的正面動機，例如，想對業獲得更多認識，讓自己避免從事為己為人帶來問題的行止，也讓自己能為己為人帶來更多助益。

　　業有四個面向，或說四個原則。若時間充裕，可在一次禪修中涵蓋這四項；若時間不夠，也可以分成四天，每天進行一項。當你深思每一項原則時，也可以想想生活上的例子或聽過的故事，以幫助自己理解。盡力讓自己得出建設性的結論，這在每一點結束時都有說明。

### 1. 業很明確

　　這個意思是說，我們的作為和經歷之間的關係是很明確的，亦即：負面行止帶來問題，而非快樂；正面行止帶來快樂，而非苦痛。絕不會有其他例外。這很像自然界所發生的情形：我們若播種南瓜籽，便會收穫南瓜，而非辣椒；若播種辣椒籽，便會收

穫辣椒，而非南瓜。

我們如何知道哪些作為是負面，哪些是正面的呢？在《法句經》的頭兩首經文中，佛陀表示這是由我們心的狀態或動機來決定：

心是所有狀態的前導；
心是主，所有狀態皆由心造。
人若帶著不純之心來說話或做事，苦痛便要隨之而來，
就像輪子跟隨拉車的牛那樣。

心是所有狀態的前導；
心是主，所有狀態皆由心造。
人若帶著純正之心來說話或做事，喜樂便要隨之而來，
就像人影總要跟隨人那樣。

也就是說，負面行止是以「不純的心」，如憤怒、依戀、妒忌、無明為動機；而正面行止則是以「純正的心」，如悲憫、慈愛、無執、智慧為動機。

但佛陀也提到十種本質上是負面、會導致受苦的行止：殺生、偷盜、濫交（包括不倫與性虐待）、說謊、議人長短、言詞傷人、無意義的閒聊、貪圖垂涎、傷人意圖、不正看法（譬如對業或證悟的存在性加以否定）。相對應的，也就有十種正面行止（希望人能看出那十種負面行止會帶來痛苦，而有意識地努力避

免），亦即有意識地不殺生、不偷盜等等。其他正面行止的例子還包括幫助生病、貧窮、失意、哀傷的人、慷慨、合於道德、有耐性，以及帶著純正的動機進行精神修持等。

回想自己的人生，找找看是否曾做過這十種負面行止的其中一項，並試著了解，雖然這些行止可能為你帶來一些短暫的好處，但終究會帶來問題。想想你曾做過的正面行止，並感到歡喜，且看到這些行止對你對人都是快樂之因。試著如此感受：「我若做了負面作為，如殺生或說了傷人的話，便種下會帶來壞經歷和苦痛等苦果的種子；但我若做正面作為，如保護眾生和誠實，便種下了會帶來好經歷和快樂等蜜果的種子。因此，我應試著盡最大努力來避免行惡，並多多行善。」

### 2. 業會累積

這一點是表示我們若是有了一次負面行為，雖然程度輕微，但因沒有加以進行對治，如淨化的修行，業便會持續累積，因而招致許多令人不愉快的結果。對正面行為來說，若一次小的正面行止未被負面行止所阻礙，便可帶來許多正面結果。這與我們在自然界所看到的景象類似：我們若種下一粒微小的蘋果種子，最後會長成一棵大樹，每年會結出許多花果來；而我們若讓庭園裡的雜草蔓生，不加理會，最後雜草便會佔據整個庭園。

佛陀在《法句經》裡如此解釋這個原則：

就算只是小小的惡行
也能為超凡的世界裡
帶來巨大的毀滅與麻煩——
就像毒進入體內。


值得稱許的行為即使微小
也能替來世帶來快樂，
並促成偉大目標——
就像種子變成豐收的莊稼。


大致上來說，我們所做的任何行為都有四種結果：

1. 完全成熟的結果。
2. 經驗上近似於原因的結果。
3. 行為上近似於原因的結果。
4. 環境上的結果。


我們舉殺生這種負面行為來說明這幾點。殺生帶來的成熟之果就是不幸的出身，不斷遇到問題和苦痛。經驗上近似於原因的結果，則是在後來的人生所發生的不愉快經歷，像是短命（譬如，可能年輕時就被殺害或死於疾病）、健康有許多問題及不斷遭遇失敗。在行為上近似於原因的結果，則是本能地傾向於殺生。這一點實際上是最糟的結果，因為這會讓我們重複造作同樣

的惡業，以致不斷經歷相同的結果；甚至在現世就可看到這項結果——我們愈做某項行為，就愈容易重複去做，很快的就變成習慣和一種反射行為。而殺生在環境上的結果，便是出生或生活在暴力、戰火摧殘或不健康的環境中。

相對的，我們若不殺生，便會經歷到相反的結果：出身良好、健康長壽，在所從事與努力的事情上能夠成功，生活在平和健康的環境中，而且自然會對其他生命抱持珍惜保護的態度。

深思這些要點，看看自己是否能得到結論，了解即使是微小的負面行為，如撒個小謊，也不該做；任何可以行善的機會，如給流浪漢一毛錢或餵食鳥兒一點麵包屑，更不可輕忽。這些都很重要。

### 3. 我們若不做某種行為，便不會經歷其結果

這是表示，我們若不做負面行為，就不會在未來有壞的經歷。這項原則可以解釋為何一場車禍中有人去世或受傷，有人則可安然無事；有人雖擁有企業管理碩士學歷卻無法成功創業，而有人雖然從未踏進商業學校一步卻仍可成功。

另一方面，我們若從不做正面行為，未來自然也就不會經歷到好的結果。想要快樂成功，卻不創造適當的促因，就像冀求自己的園地裡長出花或菜，卻不做播種、護苗、除草等工作一般。

這個原則也可以用現世經驗的角度來理解。任何時候，當我們經歷到問題或不快樂的心境，便表示在過去必然造過負面的業。我們若能了解這點並欣然接受，就不會在發生問題時覺得自

己是受害者而怪罪別人。而生命中所有好的經歷：生而為人、健康良好、衣食充足、別人待我們好等等，都是過去造過正面的業所致。若能對此滿懷喜悅，並在此生繼續努力做好事，可謂明智之舉。

對這個原則加以深思，理解到若希望未來能擁有快樂和美好的經歷，就須採取正面的行為；若希望避免問題和不快樂，則須避免負面行為。

### 4. 業不會消失

我們若做了某種行為，不論是肢體上的、口語上的或心裡的，便會有個如種子般的印記種在心田裡。除非加以對治，否則這粒業的種子便會留在心裡，長達數世之久，直到遇到適當促因和狀況而使此業種轉為成熟經歷的形態，亦即好或壞的經歷為止。佛陀在《法句經》中這麼說：

若你做了錯事
或牽扯其中
而想掩飾逃避，
必將徒勞；無處可逃。
不論身在何處，
海裡，空中，
或遠山的洞穴裡……
所作所為無不跟隨。

不論是好是壞，

任何作為，一旦做了

其力量便不消失；

結果也要相應而來。

　　業的種子該如何對治呢？有四種對治力（參閱第 102 頁和第 242 頁）可供我們進行淨化的修練，以清除負面的業力，即：感到後悔，依靠佛、法、僧的庇護，行正行來加以平衡，並下定決心不再犯。建議每天睡前可以做一次淨化當日負面行為的修練；也可以對幾天、幾月、幾年以前，童年時，甚至過去世的負面業力進行淨化──任何時候做都不嫌遲！

　　善業的種子也會因為生氣或有錯誤的看法（如否定業或證悟的可能性）而散失，所以明智的做法就是要守護自心，不要出現這種態度。不過要完全避免是很困難的，尤其是生氣，我們可把所造正業迴向給有益的目標，特別是迴向給眾生，願他們也能夠證悟，而得以保全正業。

　　結束對這個原則的思量時，請下定決心進行淨化修練以淨除過往與現時的負業，並將所造的善業迴向給眾生，讓他們也能證悟，以此來保護善業。

　　第一次深思業力時，可能會覺得沈重，甚至恐懼，彷彿被醫師告知罹患重病時的心情。但就像有各種方式可以對付疾病：吃藥、治療、飲食、生活上的改變、心理調適以學習接納，對業下

功夫也有方法。要記得，業並非命運，並不是固定不變的，而是可以改變的。沒有不能滌淨的負業。指蔓（Angulimala）是佛陀時代的人，雖然殺了九百九十九個人，仍能淨除相應惡業而臻於涅槃；而偉大的西藏大成就者暨詩人密勒日巴，也必須爲三十五個人和許多動物的死負責，仍能在同一世就淨化此業並得證。因此，不論我們在現世或過去世做過些什麼，都可加以修補、淨除，好讓我們在性靈上能夠繼續成長。

迴向　　結束這節禪修時，帶著樂觀的想法，把禪修的正面能量迴向給眾生：祈願自己和所有的人都能脫離苦痛及苦痛的因，淨除負業和誤解，並速速得證。

# 淨化業障

　　對業進行過禪修（前一章）之後，我們對自己所做的負面行為和未來要面對的可能結果或許會感到不安。面對這種情況時，有個解決方法——淨化業障的修行。業障並不是固定、恆久或不可挽回的。負面行為所致的心靈印記可被滌淨，如此則不必經歷原本該來的苦痛，也可藉此淨除負面能量，不致影響自己的性靈發展。這便是淨化修行的目的。

　　沒有不能淨除的負面能量。基本上，淨化的過程屬於心理層面。如耶喜喇嘛所說，因為負面能量是由我們的心（基於此而有的行為）所產生，因此也必須由我們的心生出正面能量來做轉化。雖然在佛教裡，我們是依賴佛陀所教的方法來淨化，但卻不是佛陀在淨化我們；根據耶喜喇嘛的說法，我們必須自己做這個工作。自己造的業，只有自己可以淨除乾淨。

　　修行淨化法時，要深思四種對治力：後悔、依靠、補救、決心。最好每天做一次淨化的修行，例如一天結束，將當天所造的業障及過往累積的負能量都清理掉。

## 後悔的力量

　　後悔即是看出我們某些行為是負面的——除了傷害了別人和（或）自己，之後更會衍伸出更多問題之外，還因為我們以自我為中心，是在誤導之下做出這些行為。後悔與罪惡感不同。罪

惡感是在並不了解事物眞性，以爲我們都擁有眞實長久的自我或
「我」的情況下才會出現。因爲我們把重心放在做錯的事情，或
覺得該做而未做的事情上，所以會覺得「我是個壞人，始終都是
如此」。罪惡感還可能讓我們覺得自己不配得到快樂，通常這是
情緒化而非理性或智性的反應。覺得有罪惡感是毫無幫助的，不
會帶來任何正面的結果，只會讓我們覺得悲哀，並阻礙性靈上的
開發。

後悔卻是智性、有建設性的反應。後悔是基於對業的理解：
殺生或傷害別人的負面行爲會讓對方受苦，同時也讓自己受苦，
不論當下或未來都是如此。傷害別人會讓自心受到波擾：我們違
背了自己眞實純淨的本性，以及留下印記，並在未來瓜熟蒂落時
變成更多的問題與苦痛。我們在現世的所有問題和不愉快的經
歷，都是過去所做負面行爲的結果；而現在所做的負面行爲，則
是未來苦痛的因。誰會想要這些呢？因此，合理來看，我們該做
的就是能感到後悔，並淨除自己的惡業！

後悔的情緒很像我們發現自己吃了有毒的東西時的感覺：因
爲怕生病或死掉，我們會不顧一切去找醫生或掛急診，好把毒物
排出來。同樣的，業障也頗具毒性：會毒害心和性靈上的成長，
並在未來帶來麻煩。了解這些之後，我們會後悔自己犯下的過
錯，並盡力淨除業障。

## 依靠的力量

跌倒時，必須靠地面的支撐才能站起來。同樣的道理，我們

所做的負面行為，若不是與純淨的生命如佛陀或性靈導師有關，就是與一般有情眾生有關，因此若要滌淨業障，便需回頭想想這二者，並依靠這二者。首先，要依靠佛陀，他就像是醫生，能施給藥物以淨化我們受誤導所犯下的行為。並不是說我們需要佛陀的原諒（雖說他始終都會）；而是我們需要以皈依佛陀（參閱第187頁），並以他所教的方法來淨化自己，以改變生活和行為能朝著較正面的方向。

對不是佛教徒的人來說，此處第一步可能牽涉到重振自己對信仰對象的信念以跟隨其指導，或讓自己再次投身於努力想實現的正面目標。可以向信賴的人，如性靈老師，坦承自己的錯誤行止，這也很有效果。

再來，要依靠其他眾生，也就是我們此生及過去世所傷害過的眾生，先培養對他們的慈愛與悲憫。你可以想著，他們也和你一樣：即使是最微不足道的苦痛或問題也不願經歷，只希望能快樂平和而已。接著，誠摯地在內心下定決心，要盡力避免對其他眾生造成傷害，並盡己所能地幫助他們。

## 補救的力量

意思是要做正面的事以對治我們所造作的負面能量。大致來說，任何一種正面行為都可滌淨我們的業障，但有些做法特別具有修補的力量，包括觀想釋迦牟尼佛（第206頁）、金剛薩埵（第242頁）或三十五佛懺（第265頁）等，以及吟誦他們的名號和（或）咒文。也可以進行培養慈愛的禪修（第126頁）、

培養慈悲的禪修（第 132 頁）、對空性的禪修（第 62 頁）。雖然最後這項對負面能量具有最佳的矯正效果，但並不容易做，對初學者來說或許不適合。較簡單的做法就是用第 46 頁的觀呼吸禪修來做滌淨禪修。請從以上幾種當中選擇一種作為你的淨化練習。

你也可以多花點時間做某些事，如志工或慈善捐獻。拯救生命，譬如解救瀕死或將被宰殺的動物或昆蟲，或者照護生病的動物，這在對治殺業上特別有效。如果可以做到，向所傷害的人道歉並彌補也很好。

## 決心的力量

第四步至關重要：下定決心不再做同樣的負面行為。若沒有這點，要想改變並棄絕多年來的壞習慣，實在很難。不再造成傷害的決心就像是黑夜裡的明燈，引領我們的身、語、意往新的方向前進。正如梭巴仁波切所說：「我們可以把自心形塑成任何想要的樣子。」

若是較嚴重的負面行為，譬如殺生和偷盜，或許下定決心在餘生中絕不再犯是可行的。（當然，這是指決意不再有意地做此類行為，但想避免做某些無意的行為，則不太可能辦到，譬如行走或開車時殺死我們沒看到的昆蟲。）

然而，若是屬於習慣性的以及難以不做的行為，像是說謊或發脾氣，在態度上則必須實際點，最好是下定決心不在較短期間內做那些行為，比方說五分鐘或一個鐘頭，然後再逐步延長時

間，如半天、全天等等。

然後，下定決心努力地全面革除沈痾舊習。這項不再做負面行爲的決心，能夠帶給我們扭轉自己的力量。我們必須對自己可以一次改變一些的能力有信心才是。

## 練習的方式

舒服地坐著並放輕鬆。花點時間專注在呼吸上面，讓心平和，安住在當下。

**動機** 接著，心中升起進行修行的正面動機，例如：「我做此禪修並非只爲自己，同時也爲了衆生——學著少傷害並多幫助他們。」

依自己所需的時間，長短不拘，分別徹底深思這四種力量，以便能每一項都產生適當的心神狀態。

### 1. 後悔的力量

回想自己從早上醒來到現在，是否有做任何負面的行爲。先檢視肢體行爲，如殺生或讓任何衆生在形體上受苦；拿了不屬於自己的東西，或沒付該付的錢，如公車車資；或從事不當的性行爲。

接著檢視自己是否有言詞上的負面行爲，如說謊、誇大或欺騙，離間人際關係，說了傷害或激怒某人的事，或把時間花在道人長短或無關緊要的事情上。

再來檢視是否記得自己曾耽溺於什麼負面想法，如希望某人受到傷害，或因為某人的不幸而自喜；抱持對人（或對自己）挑剔、批判的想法；對自己已擁有的並不滿意而想要更好更多，或想要別人的東西。總之，任何與仇恨、憤怒、貪婪、妒忌、自大、自私等有關的心神狀態都算。

也對那些在過去幾天、幾個月、幾年以來所做過的負面行為進行回想，盡可能往前回溯。請理解，所有這樣的行為都是苦痛的因（有些造成別人的痛苦，對自己則是所有行為皆然），而打從心底深處產生真誠的悔意。這些行為在你心中留下印記，而這些印記會在未來以問題和不幸狀況的面貌出現，同時阻礙你在精神修持路上的進程，拉長你在不圓滿、不滿足狀態下的時間。要了解，沒人喜歡受苦，而這些行為卻會帶來苦痛，因此，請認知自己所犯下的過錯，並真誠的希望能加以彌補。

### 2. 依靠的力量

若你對某個具有無私的慈愛、悲憫、智慧的聖靈或更高的力量懷有敬意和信心，此時便在心裡想著他們，告訴他們你所犯的錯，以及在避免負面行為和態度上所遇到的困難，請求他們幫助你，給你指引，好讓你改變自己，從此不再從事這些負面行為。

或者，你也可以想想那些你信服但卻違背的道德原則，並重新承諾願意遵守這些原則。

再來，在處理自己對別人所做的負面行為上，要心生慈愛與悲憫。仔細想想，別人也像你一樣並不願意受苦，只希望能有快

樂平和的經歷。感受一下，若能不再傷害他們，反而善待並幫助他們，會有多麼美妙。心中生出利他的願望，以淨化自己的負面行為和誤解，如憤怒、貪心、自私，好讓自己從此以後只對人有幫助而無傷害。

### 3. 補救的力量

現在，你必須做些正面的事以對治行為所產生的負面能量。

你若對於觀想一個如上述已證悟的對象還感自在，那麼就觀想一尊如佛或金剛薩埵在自己的頭頂之上，一邊誦念著適當的咒語，一邊想像光芒從本尊身上流出，充滿你的整個身與心，並淨化你所有的業障和誤解。

但若對於這樣的觀想感到不自在，你也可以想像頭上有顆光球，它代表得悟後的所有特質和能量，觀想光芒從其中流下而充滿了你（如上所述）。你若願意，在觀想的同時還可誦念金剛薩埵的短咒「嗡 邊札薩埵 吽」或觀音咒語「嗡 嘛呢 唄美 吽」。

或者，你也可以選擇一種前面所建議的禪修法來做，如培養慈愛的禪修；或決定在日常生活中以正面的方式來行事，如更樂於助人或更慷慨大量。

### 4. 決心的力量

你若有信心可以做到完全不再有某些負面行為，如殺生和偷竊，就許下承諾。但對某些還無法完全不做的負面行為，則可以承諾在合理的時日後能完全避免，或者承諾自己會盡最大努力加

以留意，以避免再犯。

　　要下定決心改變情緒上的舊習性，如憤怒、妒忌、失意、挑剔、執著。對自己改變的能力要有信心，同時也要了解改變需要時間，別抱著不切實際的期待。

　　**迴向**　　禪修結束時，將此淨化修行所產生的正向能量迴向給眾生，祈願他們能脫離苦痛及苦痛的因：業障和錯誤的想法。

　　（本書後面有兩種淨化修行法：第 242 頁的金剛薩埵懺罪禪修，可在本修行中同時修練；還有第 166 頁較簡易的禪修法）。

# 對苦的禪修

　　苦痛一向是哲學家與神學家最難解的問題；對平凡眾生如我們來說，就更不用說了！爲什麼世間爭鬥如此之多？爲什麼有這麼多人餓死、生病，有這麼多的不公、不義？苦痛的緣由是什麼？佛教以眾所周知的四聖諦來總結其看法。

　　第一，生即有苦。每個有情眾生多少都要受苦。「苦痛」並不專指劇烈的疼痛或嚴重的問題，而是任何不愉快或不滿足的體驗都算。

　　第二，苦有其因。苦痛的主因在於業（前此的身、語、意三方面行爲）和妄念（擾人的心神狀態，如憤怒、執著、無明）。

　　第三，苦可以結束。我們都擁有臻於圓滿的平和、清明、悲心之境的潛能，若能讓心處於此境地，便能不再經歷過往負面行爲所導致的結果，也不會再造出令未來苦痛的因。

　　第四，止苦有法。終結苦痛的方法就是逐步丟棄、杜絕苦痛之因：憤怒、自私、執著，以及其他負面的心的狀態和因這些狀態而出現的行爲，並且開發快樂之因：耐性、慈心、不執著、寬宏，以及其他正面的心的狀態。最後，對所有事物的眞實本性開發出洞見，讓自己可以減除苦痛的根本源頭：即錯誤看待萬事萬物的無明。

　　「苦痛」涵蓋肉體和精神上各種程度無法滿足的經驗。對苦的禪修有許多種，不過都是爲了讓人對苦所涵蓋之廣度有深度認

識，也就是苦痛或多或少滲透到我們自身和其他人的生活。

　　開發這項覺察力的目的並不是要加重我們的悲哀；相反的，若能順利修練對苦的禪修，我們的人生觀將可獲得改造而更符合實情。若能了解苦痛的因在於自身的態度和行為，便可逐漸看出，不論是清楚的解開人心之錯綜複雜處，或因此對自身想法和行為培養出控制力，都值得去追求且可能做到。

　　我們的人生觀常是不實際的。愉快的經驗多半有賴於外在事物和情況，這些東西在本質上都是短暫易逝的，待它們發生變化或消失後，我們卻又留戀，不願接受實際情況。我們希望歡樂能夠延續，又因為無法如此而大感失望。就這樣，心情起伏，由喜轉苦，由樂到哀，一輩子如此。

　　若能覺察此一實相，便已向滅除苦痛踏出了一步。由此，我們不會再期待人事物為我們帶來快樂，而能了解，是自己對人事物的態度決定了是否快樂滿足。出乎意料的是，當我們能不再那樣不切實際地執著事物，從中得到的樂趣將更多！

　　此項禪修還帶來另一個益處：由於看到別人和我們一樣受苦，不可避免的，也就較能培養更多對別人的慈愛和悲憫。

　　不過，辨識自身生命中的苦痛情況，主要目的是培養強烈的心念：做必要的事，以期能擺脫苦痛。所有不快樂、痛苦的根源都在於「相信萬事萬物本來自存，有各自的本性」這個無知。看到存在的這種空性──也就是並沒有這種方式的「存在」，可使所有的困惑和問題因而清楚明晰。

　　然而，要獲得這樣的理解並非易事，需要極大的能量，好讓

人專注在事物的本性上，撥開原本所習慣的知覺方式，以看到事物純淨的究竟實相。進行此項工作時，驅策我們前進的，是我們想讓自己和其他人解脫所有苦痛的意念。

## 練習的方式

**動機**　放鬆而舒服的坐著，心生一股從事此禪修的正面動機，比如：希望更了解苦痛，以便能行必要之事，讓所有的人（自己和別人）都自問題、痛苦和不快樂中解脫。

苦痛有三個層面可以深思，依你的步調，仔細思考每個層面。別只在心中記住要點，要融入情感和直覺，真正感受每個受苦的例子，好像身處其中一般。

### 1. 苦痛之苦

這種苦包含了身與心方面較顯而易見的苦痛，如源於戰爭、恐怖主義、自然災害、飢荒、暴力犯罪、強暴、虐待、監禁、貧困、不公義、種族主義、成癮、傷害、疾病等重大苦楚。

此外，也包括身體所經歷常見的日常問題：疼痛與辛苦、熱與冷、飢與渴、視力不良、耳朵痛、割傷與燙傷、體重問題、肌肉緊張、疲勞，不勝繁數。回顧過往經驗，看看要找到一兩種都沒有的情形有多麼難。

或許你的身體曾遭受過更嚴重的痛苦，回想這些經歷，看看是否有可能再次發生；沒人能保證不會。

想想自己年老時肉體必須經歷的痛苦。想像自己八、九十

歲時的模樣，身體退化，滿佈皺紋，器官功能不正常，隨之而來的就是死亡。也想想可能的死法，還有各種死法所附帶的肉體痛苦。

身體在本質上就會變化，有病痛、退化，最後會死去——好好深思這個事實。因此，依戀並執著於身體，將之視為「我」，既不實際，也不明智。再來看看心理上和情緒上的苦痛。回想過去或目前所體驗到的孤獨、失意、悲傷、挫折、妒忌、憤怒、恐懼、惶惑、焦慮，回顧自己的人生，看看能否找到連一些上述情緒都沒有的情況。大概很難。

接著，檢視此刻的心境。你是否焦慮？失意？生氣？惶惑？困擾？想想未來，周遭的人可能會死或離開，然後你也會面臨死亡，以及許許多多其他的事會發生，隨之帶來各種程度的不快樂，這些也是心理上必須承受的苦。

擴大思考的範圍，合納別人的經歷。就在當下，所有現存的眾生，只因內心迷惑、身體會腐朽，身體或心理上就會體驗某種形式的苦痛——從最輕微的不舒服，到最沈重的痛苦都有。

先從你所認識的人開始，如朋友、親人、鄰居，有人生病了，有人年紀大了，有人心情低落、憂慮，或感到不滿、孤單。再想想你不認識的人，那些因戰爭、窮困、失業、種族主義、疾病、政治上的迫害而受苦的人。

我們還與動物及其他生物共享這個世界，因此，也來深思牠們日日受到的苦痛吧：飢餓、疼痛、寒冷、缺少自由、恐懼被殺。

請覺察這些無數的眾生都擁有意識之流，與你沒有太大不同：我們對於仁善和美麗都同感歡喜，對疼痛和傷害都會恐懼，對自己和所愛之人的平安構成威脅的對象皆感憤怒，也都試著想得到快樂和避開問題，但只要我們還沒證悟，就會一再遭遇苦痛的情況。

### 2. 變化之苦

這個層次的苦較為隱微，在一般情況下通常是我們認為快樂或舒服的經驗。會稱這些為「苦」，是因為這些經驗並不長久。當每個令人愉快的經驗結束時，我們都無法獲得完全的滿足，問題也沒有因而減輕，但我們卻想不斷重複這樣的經驗，希望可從中找到所渴望的滿足。

想像一下任何一次愉快的經驗：一餐美食、舒暢的做愛、海灘上的一天、滑雪、音樂、電影、抽煙、美麗的晚霞——愉悅的感受能持續多久？其中有哪一樣可令人全然滿意？倘若你認為這些已讓你完全滿意，為何還要一再重複呢？

愉快的經驗被當成苦，還有一個理由：這些經驗並非真實純淨的快樂。若這些經驗確然是真實而純粹的快樂，那麼快樂將會持續下去，甚至當我們愈投入時，快樂還會更多。但這是實情嗎？還是原本的歡樂會減少，甚至變成哀傷？舉例來說，你餓了而吃些東西，剛開始覺得很好，因為飢餓帶來的不快減少了，但如果一直吃下去，會如何？會愈來愈不舒服，甚至可能嘔吐！就算你只吃了剛好的份量，覺得有飽足感，然而這種感覺卻不會持

續；幾個鐘頭後，飢餓感又回來了，你又得吃了。

當我們和朋友或家人相聚時，剛開始會很開心，邊聊邊笑，喜歡別人和你在一起。一旦我們一直彼此相隨，幾個鐘頭、幾天都不分開，又會如何呢？大概會覺得無聊、困擾，甚至開始爭吵。即使是舒服的坐在椅子上，我們也需要換個姿勢，因為原本的舒服已經漸漸變得不安了。或寒天裡坐在火堆旁，剛開始舒服的享受著，沒多久就必須退開些，否則會太熱了。

仔細審視自己的人生以明白下面的說法是否屬實。回想曾有過的美好經驗：這些經驗長久嗎？你真的從中得到滿足了嗎？若此美好是真正的美好，為何不能一直與你同在？你能想出自己或別人生活中的任何例子，有過不變而長久的快樂嗎？

深思事物變化的緣由：愉快的經驗為何不能長久，反而不可免的會帶來不滿意、煩心、無聊、孤獨等感受。從某個觀點來看，若與「苦痛之苦」相比，這些經驗仍是愉快的。但從另一個觀點來看，若與解脫以及證悟純淨而長久的大樂相比，這些經驗又是另一種苦。

所有事物都會改變，而且終究會結束，這是根本本性。即使是最讓人歡喜的關係也有起起落落，終究會因分手或死亡而結束。擁有美麗外表的人也會老去，終有一死。權力無法長久，財富終會用盡。花兒枯萎，夕陽西下，曲終人散。

這個部分禪修結束時，心裡必須得到堅定的結論：依戀某人或某物以為能找到長久的滿足，並不合理；甚且，此種依戀只會帶來恰恰相反的結果。

### 3. 無處不有之苦

這種苦比「變化之苦」更加隱微，指的正是我們的存在本身由於仍然平凡且未達證悟，於是心處於妄念以及和業力糾纏的狀態。雖然心的本性清明，具有可體驗證悟的純淨、長久平靜及大樂的潛能，然而，若要讓心在一個鐘頭或幾分鐘內不出現紛亂不樂的想法和感覺，卻無法做到。儘管我們所求的無非只是能有舒服愉悅的經歷，但冀求一輩子或僅僅一天不遇到麻煩，也是不可能的。為何會如此？

我們的思考、言語、行為，都受到自己的誤解與習性的負面傾向所控制，因而無法對事物真實本性得到直覺的洞見。我們確實被綁住了：一邊是每時每刻都經歷到以前業力和誤解的影響，另一邊是每時每刻都造作出影響未來的因。此刻的存在，正是過往苦痛的結果與未來苦痛的因。

此種困在循環之中的處境，由問題構成的複雜網絡，便是無處不在的苦。自己就像身處牢獄之中，被業力和妄念所困。牢獄中可能發生可怕的事，像是被其他犯人或殘酷成性的獄卒攻擊，就像「苦痛之苦」。有時愉快的事，譬如看一場好電影或心愛的人來訪，就像「變化之苦」。但不論你經歷了什麼，愉快或不愉快，始終是在牢獄之中，無法到任何想去的地方，不能做任何想做的事，這就像「無處不有之苦」。

讓你的心好好吸收這個觀念。對於這種自行延續的困境（也恰是你存在的狀態），要有強烈的感覺。

　　然後，好好思忖還有無數眾生也如你一般，受困於這似乎永無止境的循環中。

　　無須驚慌，情勢並非無望！要脫離這個循環是有方法的。就像苦痛有其因：我們對事物存在方式的錯誤看法，必然也有補救的方法能終結這種苦痛。最終的補救方式就是對實相的本質培養正確的理解，從而破除我們的困惑狀態，使得我們追隨自我奇思怪想的習慣得以淨除。

　　同時，我們也可以正向地運用自己的生命與能量：以愛心和慷慨大量來助人，在心中增進正面的想法和態度，不做負面行為，當心中出現有害的想法時要加以對治，這樣才能避免再造出更多苦的因。如此一來，我們對於實相的理解會愈來愈充分，對於不常而短暫的事物也能保持超然，困惑之網得以鬆解，最後，此一理解會變成一種對空性直接而直覺的感知，而這種感知能夠一次徹底掃除苦痛的根源。

　　請從禪修所得的洞見導出你的結論。要看出生命痛苦而難以滿足的本質並不容易，但這是唯一的解脫之道。只有當我們不再閃避苦痛的實相，學會誠實地處理自心不馴的面向，才不會繼續在困惑中繞圈子。覺察苦痛，使我們有了尋找實相本質所需的能量。

　　因此，禪修結束時要樂觀，要有決心善用人生，並且盡力的戰勝苦痛。

　　**迴向**　　將所有的善意和正向能量迴向給自己和眾生，祈願

洞見得以滋長。

## 日常的應用

日常生活中，有許多機會可熟悉這項禪修中所談到的觀念。我們每天都會遭遇各式各樣的麻煩：肚子餓、疲倦、疼與痛、不適、無聊、挫折，通常的反應都是設法盡快擺脫或避開。但當你伸出手去拿止痛藥、打開電視、查看冰箱裡還有什麼，或是設法找朋友之前，花幾分鐘讓自己只是體驗那種痛：「喔，這就是苦！」會是個好主意。

由於我們習慣於避免正面遭遇苦痛，不想處理，所以禪修時也很難好好地、誠實地審視苦痛的實相。因此，我們必須學習從自身正在發生的實際經驗中，獲得對這個主題的深入理解。

但這意思並不是要我們把人生看成是一齣大悲劇，或始終保持緊張痛苦的狀態。我們在覺察到苦痛的同時，仍可試著保持幽默。快樂和苦痛都是無常而易逝的體驗，我們不宜強調其中一種，只需認知到這兩者的易變本質即可。

所以，比如說，我們若發現自己很不實際地想抓住生命中剛出現的人，便應提醒自己，我們所體驗到的短暫快樂，無法讓所有問題就此消失。抱持這種較實際、不誇大的態度，或許更能充分體驗到所經歷的種種！

當身體上或心理上出現問題時，我們都可以這麼想：「這是一時的，一下子就會過去。不過，除非我能著力在自心上，並消除所有苦的因，否則問題和苦痛仍會繼續降臨。這個問題提醒了

我，要看顧自己的行為：盡力避免造出負業，而要造作正業。」
如此一來，原本存在的問題反而讓我們學到教誨。

周遭有人受苦時，我們應盡最大力量，以靈敏及悲憫的心來
幫助他們。但我們不應過於涉入其中，將他們的問題當成是自己
的，而太過緊張和憂慮。要記得，任何問題的肇因及解決方法，
都在親身經歷的人身上，如此便可避免發生上述情形。想要從問
題中脫身，端視他們自身的努力。只要我們始終懷抱愛心善意，
做了所有可讓他們受苦減輕的事，便不必覺得有罪惡感或認為自
己做得不夠多，應該再多付出一些。

總之，苦痛與問題不必然不好，端視我們的態度而定。我
們若討厭這些，視之為全然無用而排斥，會因而更受折磨。但若
能有實際點的看法，視之為生命中自然的一部分，便可平和地接
受。此外，若能學會運用苦痛與問題幫助自己獲得性靈上的成
長，那麼當事情發生時，我們甚至會感到歡喜呢！

# 心平氣和的禪修

　　大乘修行的目標是要達到純然圓滿的狀態，也就是證悟，以減輕別人的苦，為他們帶來快樂，並最終帶領他們得證。想這麼做的心願，便是為人所知的「菩提心」，此心願能夠讓人體驗到自己向眾生敞開胸懷，內心的慈愛與悲憫向眾生流去，且毫無侷限之感。擁有菩提心的人會實際感受到身負重任，要為所有眾生減輕苦痛，並引領他們抵達快樂之境。

　　我們可以從現在開始於日常生活中培養證悟的心，方式便是以和善而開放的態度來面對他人：對他們有耐性，察覺他們的需求。然而，我們很容易便會落入角色扮演的陷阱，擺出友善和開放的姿態，藏起不耐和不適的感覺。因此，在努力向別人伸出雙手的同時，仍要了解自己的感受，這很重要。在禪修的專心狀態下，能夠有效的做到這點。

　　正常情況下，我們對人事物會有分別心：對遇到的人會有喜歡、不喜歡或漠視等不同的態度。這些反應多半以自我為中心，根據這個人對我而言是否討喜、討厭或無趣來決定。

　　這種分別心是根源於我們對事物存在的道理有直覺上的誤解，尤其是對我們的自我。我們一直都有這個問題，而且一輩子都不厭其煩的為自我增添內容，總是思考並相信：「我就是這個樣子，並且永遠都是；這個對我來說很好，那個會使我難過。」

　　我們對於這個「我」的信念之強，讓我們想要保護它、栽

培它，以致所做的每件事都是為了這個自我。這個自我有種種必須滿足的需求：一定要得到快樂，避開痛苦。因為這個人讓這個「我」高興，所以「我」喜歡她；因為那個人讓「我」痛苦，所以「我」不喜歡他。所有的事情都是以這個「我」所需求的角度來看待。

對於這個「我」在根本上的誤解，造成我們認知上的錯誤。若是加以分析，想找出那似乎存在得長久而固定的自我，是找不到的；因為那只是個幻影。在人生之旅中前行，品嚐喜悅、遭遇問題、親近他人、承受挫折的，只是一股始終變易的身心之流。我們與人相遇，以正面或負面方式短暫地應對，然後分開。沒有什麼留下來，沒有永遠的東西。

我們愈是依戀這個並不真實的「我」，嘗試滿足其需求，也就更加把自己埋入問題與困惑的深坑。把人分成「朋友」、「敵人」、「陌生人」，就是最好的例了。

我們會假設自己喜歡的人本來就是好人，不喜歡的人就是壞人，我們的言行就好像這些人所具有的特質是永遠不變似的，好像周遭始終都是一些可視為「朋友」的人，永遠不會出現我們不喜歡的人，而街上某個無趣的人也可能成為朋友的想法則難以出現。

但這些假設並不正確，我們自身的經驗便可說明這點。關係可能生變，也的確會變。曾經覺得親近的人如今無法溝通，以前不能忍受的人現在則變成了好友。

人會改變，我們的想法和感覺會改變，情勢、狀況會改變。

前一分鐘、前一年、前一輩子我們視為朋友的人，會因為某些變化而讓我們在下一分鐘、下一年、下一輩子視為敵人。我們將某人視為朋友、敵人或陌生人的理由，並非堅實而無疑的。而緊緊握著這些理由，好像它們真是如此，卻讓我們無法看到事物的真實面貌，也使我們在變化來到時難以妥善處理。

接下來要進行的禪修，可以讓我們檢視自己對別人的態度和感覺，以找出錯誤之處。這可讓我們逐漸進入平心靜氣的境地，心會更加平穩，較不容易受到依戀（對心愛的人）、迴避和仇視（對敵人）、漠然（對陌生人）這些情感的控制。

## 練習的方式

**動機**　讓自己舒服地坐著，內心產生強烈想為己為人培養平心靜氣的意念，而來做此禪修。你或許會想唸些祈請文，可以參閱 190 頁到 194 頁。

想像自己眼前有三個人：一位你喜歡，一位不喜歡，還有一位則是覺得可有可無。在整個禪修過程中，眼前都維持著這三個人的形象：朋友、敵人、陌生人。

首先，專注在朋友身上，問自己為什麼喜歡這個人。看看自己是否能看出喜歡他的理由，主要是來自於他為你所做的事……但這些可當作喜歡一個人並視為摯友的好理由嗎？

接下來看看不喜歡的人，也檢視自己會有那種感覺的理由。再次看看你的自我是否同樣牽扯在其中，例如，這個人可能傷害過你，或者他的行止讓你難以接受——但這些都是不喜歡一個

人，並施以惡言惡狀或希望他們受災殃的好理由嗎？

再來看看你覺得無關痛癢的人——為何有此感受？你的自我是否也牽連其中了呢？是否因為此人於你既無助益也無傷害呢？

同時也問問自己，是否將這些關係視為永恆不變：你是否認為自己跟朋友會一直相處愉快，認為自己跟敵人永遠也處不來，認為自己跟陌生人之間的距離始終無法拉近呢？回想一下那些過去曾經發生變化的關係：朋友變成了敵人或陌生人；或者相反。

現在，想像面前這個朋友做了傷害人或令人無法接受的事……你對此人的觀感是否會改變？

想想這個人在你們尚未認識之前並非你的朋友，而未來可能很容易的就不再是了。

要了解，若只對此刻是朋友的人才如此和善並充滿愛意，而要為這種做法找到充分的理由實在不可能。關係在過去曾改變，以後也會繼續改變。今日的朋友，可以是明日的敵人。

現在，把注意力放在你的敵人身上，想像此人做了件慈愛或助人之舉，例如因你做了某事而誇獎你，或幫你修理故障的車子……檢視自己對此人的感覺是否開始軟化？你確能對敵人感到一些暖意的。這以前曾發生過，以後也還會出現。所以為什麼要對這個人抱持著強烈的想法，認為他就是個「敵人」呢？

陌生人又如何呢？這種關係可以朝著任何方向發展，但既然我們嘗試要對他人培養更多的正面覺受，那麼就想像這位陌生人為我們做了件有益的事，譬如在你迷路時給予正確指引，或歸還

你因健忘而遺失的皮夾……這會如何影響你對此人的感受呢？

　　你若能接受確實存在著過去世與未來世的想法，那麼考慮一下，你若在過去某一世便已認識這三個人，但彼此的關係與現在不一樣。假設此生的朋友或許是你另一世的敵人；目前的敵人可能曾是很親密的人、雙親之一或手足之一或摯友；而目前的陌生人可能曾經既是朋友，又是敵人──看看自己對此三人的感覺因而受到何種影響。

　　請了解，這些關係都不會恆久不變，心愛的人可能會變成敵人，或恰好相反，而陌生人也可能變成朋友或敵人。

　　再者，也沒有人是自己成為你的朋友、敵人或陌生人的；必須要你的心將他們貼上標籤後才會成為這樣的人。你視為朋友的人，卻是某些人眼中的敵人，當然也有人會愛你所視為敵人的人。因此，緊抓住這三種分類，認為這樣的人始終不變且獨立存在著，實是不智之舉。

　　從某些角度來看，每個人都是平等、完全一樣的，若能認知到這點也很有幫助。其中一個角度是，每個人都想要快樂，不想遭遇問題或苦痛。深思這點：你的朋友、敵人、陌生人都和你一樣想享有快樂，也像你一樣不想經受任何問題，同時每個人（你和其他人）都有快樂、平安、脫離所有苦痛的權利。試著真實地感受到這點。

　　也可以從另一個角度來看「眾生都是平等的」這個觀點：我們都有一項潛能，能夠讓自心從所有負面能量中解脫，全面徹底的開發自我，並獲致究竟的清明和慈悲。每個人都可以，也都會

得證。試著認知到我們從人與人之間所看到的差別都是表面的，是發自錯誤而狹隘的自我中心觀點。若能讓想法和感覺更貼近實相，便會看到，每個人都是平等的，都值得我們寄予慈悲與關懷。

以上這些並不是說我們不該有分別心；在實際的層面上這是必須的。我們很自然地會想要親近某些人，而與某些人保持距離也是明智的做法。這並不矛盾。此禪修的重點在於培養對所有人平等的關懷和對待態度，不論他們此時此刻是否幫助或傷害了我們；並且看出，此刻我們所抱持的分別心，實是植基於任意、錯誤、易變的標籤上。

**迴向**　　最後，為了眾生的福祉與快樂，將你的正面能量和洞見迴向給他們。

# 培養慈愛的禪修

　　慈心，或說慈愛之心，是一種希望他人能夠快樂的心。這是心的一種自然特質，但這項特質常會侷限在保留給一些經過挑選的對象上（通常是我們執著的人），除非我們能以禪修和其他修行來進一步開發。真正慈愛涵蓋的範圍是整個宇宙，包含了每個眾生，沒有例外。

　　原則上，我們或許會同意這個想法，但通常覺得難以實現。對於街上和超市裡的人，我們心中會自行湧出愛意嗎？對於不喜歡的政治人物、種族主義者、虐待孩子的父母、傷害我們的人、讓我們生活艱苦的人，我們會有愛意嗎？若不能，表示我們還需努力！

　　我們應全心全意留意對遇到的人內心所出現的反應，看看是否出現受到吸引、想要避開或漠然以對的感覺。只要我們仍在分別誰是自己喜歡的人、不喜歡的人、不在乎的人，我們的改變便永遠不能真正展開。

　　要對治這種錯誤的分別心，可以修練「心平氣和的禪修」（第120頁），以及處理執著和憤怒的方法（第142頁到152頁）。下面講的禪修可以彌補上述方法之不足，幫助我們從內心自然的源頭中汲取愛的能量，並導向眾生。若能專心誠意的來修練，真正與自己的心產生連結，便會發現，不管別人與自己的關係如何，會真心希望他們都能快樂是有可能的。

　　開始禪修時，先觀想父母和身邊的親人，以及周遭其他人。這是西藏傳統上用來強化菩提心的方法，前提是修練者與家人的關係良好。但並非每個人的情況都是如此，因而在想到父母或其他家人時，並沒有產生愛意和慈悲，反而是憤怒與焦慮。若真是如此，不必強迫自己想這些人，可以先暫時跳過，或者把他們放在「敵人」這邊。

　　然而，最終總要解決自己與別人、特別是近親的問題，這相當重要，這樣才能在性靈發展的路途上獲得全面的進展。因此，當你擁有充分的勇氣和能量著力於這些問題時，可以進行如心平氣和、慈悲、處理負面能量等禪修方法。但有時會需要多年的修行才能解開這些問題的結，所以要有耐性；若是陷入深沈而痛苦的情緒中，或許就需要尋求專業的協助。

　　有些禪修法是讓你針對某個對象進行禪修，例如觀呼吸禪修和對空性的禪修；有些禪修法則是將心轉化成禪修的對象，例如慈愛禪修和慈悲禪修。因此，理想上來說，進行此禪修時，內心會真正體驗到愛。然而，這樣的體驗通常需要時間和練習才會出現，所以剛開始時若沒什麼感覺，千萬別氣餒。單單能思維那些想法，並說出「希望你們能快樂」這類的話，便已足夠了。先讓自心熟悉這些東西，一段時間後，愛意便會自然湧現。

## 練習的方式

　　舒服的坐著，放鬆身心，讓所有的意念和憂慮都消退。專注在呼吸上，直到感覺平靜，覺知力也放在此時此地為止。

**動機**　心裡想著為了自己和別人的裨益而進行這項禪修：心中生出較正面及愛的能量，把這股能量發散出去給別人，給這世界。

首先，想像身邊圍繞著所有的眾生：母親在左邊，父親在右邊，其餘親人和朋友也在身邊及身後。觀想在你面前的是自己不喜歡或曾經傷害過你的人。每個方向都是其他的眾生，一直排到天邊。要感受到他們真的在場，以人的形貌出現，正像你一樣安靜地坐著。若是難以觀想所有的眾生，就盡可能想像，數目愈多愈好，同時也要讓自身感覺自在。放輕鬆，不要覺得有壓迫感或緊張，想像一股和諧安詳的氣氛彌漫其間。

試想，你若能對所有眾生懷抱愛意，不論於己於人，會是多麼美好的事啊！請深入思考，每個人都想要快樂、不想受苦，就像你一樣。他們都試著想從生命中得到最好的結果，即使是那些生氣、狂暴之人也是如此。

現在，讓心中湧現愛意。要做到這點，你可以想想自己所愛的某人，讓你對此人的美好感受自然湧現。或許還可將自己的愛想像成一道溫暖明亮的光線，沒有實體，卻是純粹而正面的能量，在你心中閃耀著。

必須先能愛自己，然後才能真正愛別人。愛自己意味著接受真實的自己，接受現有的缺陷與不足，同時看到自己確實擁有從所有問題中解脫的潛能。因此，請希望自己真正能獲得所有的快樂和良善。想像有一股溫暖的能量在心中擴大，直到充滿整個身與心為止。

你若有挑剔、批判自己，甚至對自己生氣的習慣，會需要時間來改變，因此，不會馬上就感受到對自己的愛意。但若你能對自己說：「希望我能快樂；希望我能擁有所需以感到快樂、安全、爲人所愛、滿足」等等，漸漸的，這樣的想法和感覺就會在你心中滋長、成眞。目前只要能這麼想，能對自己這麼說，便已足夠……

再來，以對別人的愛爲對象來進行禪修。從家人和摯友開始，他們都坐在近處。心中說些這類的話：「願你們快樂。願你們擁有所需以感到快樂、安全、爲人所愛、滿足。願你們所有的念頭都是正面的，所有的經歷都是美好的。願你們不再有問題、病痛、悲哀。願你們長壽平安，而且很快就能證悟。」想像那股溫暖而明亮的能量從你的身體放射出來，到達他們身上，充滿整個身心，帶給他們所冀求的快樂。同樣的，如果你無法眞的湧出愛意，不要擔心；能說出這些話，想一想這些事，便已足夠。這樣的情感以後還是會出現的。

接下來觀想和你不是那麼親近的人。想想與你共事的人、鄰居、超市裡一起採買的人、同在路上開車的人。想像他們正如你一般，希望能快樂，也有權快樂。請這麼思考，看看心中能否出現希望他們快樂的祈求：「願你們快樂。願你們擁有所需以感到快樂、安全、爲人所愛、滿足。願你們所有的念頭都是正面的，所有的經歷都是美好的。願你們不再有問題、病痛、悲哀。願你們長壽平安，而且很快就能證悟。」然後把來自心中的愛之能量照向他們，想像他們感受到所冀求的快樂。

　　最後，將注意力放在面前的人，也就是那些難以相處的人身上。深深思量他們也同樣需要你的愛，也值得你去愛。祈求他們也能不再困惑、生氣，不再有讓他們做出目前行為的自我中心。真心希望他們也尋得心中的平安和喜樂，並且最後也得證。在這麼想時，也試著能真心感受：「願你們快樂。願你們擁有所需以感到快樂、安全、為人所愛、滿足。願你們所有的念頭都是正面的，所有的經歷都是美好的。願你們不再有問題、病痛、悲哀。願你們長壽平安，而且很快就能證悟。」想像來自心中的愛之能量照向他們，而他們也感受到所冀求的快樂。

　　繼續將心中正面而溫暖的情感散發出去，送到所有圍繞在周遭的人身上。愛如一泓泉源，湧出美好的能量，無窮無盡，因此你無須擔心會枯竭！完全敞開你的心房，想像你的愛往四面八方流出，落到所有孤獨、病痛、飢餓、困惑、受迫、失意、恐懼的眾生身上。他們不再受苦，心得以平安清明並充滿純然的快樂。希望他們從平常所需和慾望上的滿足，一直到證悟，這一路所有的經歷都是美好的。讓自己專注於此一愛意中，並盡可能持久。


　　禪修結束時要這麼想：你確實擁有愛眾人的潛能，即使是那些騷擾或傷害你的人、那些完全不認識的人，你也可以愛。心中生出強烈的祈求，下功夫在自己的憤怒、不耐、自私和其他讓你無法如此愛人的問題上。讓自心保持開敞，試著克服自我所抱持的褊狹態度，這樣可使自心寬廣許多，純粹而廣博的愛心得以滋長，自己和他人因而能更加快樂。

**迴向**　最後，將此次禪修的正面能量都迴向給眾生，心中祈求他們能找到快樂，並得到證悟。

# 培養慈悲的禪修與施受法

　　施受法（*tonglen*）這個藏文是「施與受」的意思，也是用來開發慈愛與慈悲的禪修法，屬於一系列教法與修行方法的一部分，用來轉化心念，或者說訓練心智。這些教法的用意是我們可將想法從自我中心、受誤導、破壞性的狀態，轉化成能愛人、慈悲心、且對人有助益。這樣做對別人很好，對自己同樣也是如此──我們會感到更加平和、快樂、滿足，對自己有更正面的看法。這個修行的最終目標就是證悟，屆時我們可以善盡生命之能，對別人有更大的助益。

　　在這些轉化心念的教法中，有一層面是學習如何將問題及困難轉為精神修持之道。通常我們並不喜歡有問題出現，遇到時總是設法擺脫。但問題本身並不會真的造成問題，端視我們如何看待及處理。若運用正確的理解和方法，我們便能讓問題有所作用，正如我們將垃圾回收或做成堆肥用在花園那樣。

　　譬如，當你困在車陣中，若因而不耐煩，腦中只想著那些原本可做的事，便會造成問題。但若能覺知到這些念頭根本無濟於事，反而善用時間思考正面的事、唸誦咒語、聆聽精神教法，這樣一來，便可將情況轉化為精神修持之效了。

　　施受法便是一種用來轉化問題的方法。施受法的基本想法是，我們進行慈愛與慈悲的禪修，心中希望別人能快樂並脫離苦痛，然後想像自己承受了別人的苦，並將自己的快樂施予他們。

有時候，我們自然而然地就會這麼想：父母看到孩子生病受苦時，或救難人員願意冒險搭救別人時，都是這樣的例子。其實，只要我們熟悉如何進行慈愛與慈悲的禪修，所有人都能開展出這樣的勇氣。倘若能熟悉對空性的禪修，會更有幫助，這樣可以減輕我們習慣上對自我的執念：將自我視為真實永久，且獨立存在的。

要完整進行整個禪修，可以想像自己肩負起所有眾生的苦與苦之因（妄念與業力），並將我們所有的快樂、財富、善業等施予給眾生。修練時通常會配合呼吸來進行：吸氣時，想像自己將苦痛及其肇因帶進來，以此消除我們的自私心及其他誤解；呼氣時，想像自己將自身的快樂和良善送出去，成為他人能快樂與完整的所需。

然而，剛開始時，很多人還沒準備好要承接別人的苦。「我連自己的問題都無法應付了，又怎能承受所有人的問題呢？」因此，建議的方式是先練習承受自己的苦。等到我們熟悉、覺得自在了，就可以逐漸接受別人的問題和苦了：從我們關愛的人開始，然後是陌生人（有點距離了），最後則連「敵人」都涵蓋在內。

施受法的重點在於，不要把自己當成焦點，覺得自己在承受苦而把喜樂送給別人。應將焦點放在別人身上——他們解脫了自身的苦，接收到所需要及祈求的所有安樂；同時也為自己能造就此事而心生無限歡喜和滿足。另外，這個禪修所做的是在想像中將別人的苦帶走，並給他們快樂；而不是實際做到——除了

在罕有的情況下才會眞正發生。因此，此禪修的目的是要讓自心處於慈愛、慈悲心和菩提心之中來加以修練，以造就證悟的因；一旦證悟時，我們便能眞正幫助別人，讓他們得以離苦，並獲得長久的平安快樂。

這裡講授的是兩種簡易版的施受法。第一種要做的是，爲了別人的利益而肩負起解決某項自身問題的責任，這個版本對於尙未準備好承擔別人苦痛的人特別有用。這是一種很有幫助的禪修法，因爲我們常犯的一種錯就是，將自己束縛於自身的問題中，好像自己是世上唯一有此問題的人，或者世上除了自己的問題之外，再也沒有其他事情值得關心，也沒有任何正面的東西了。這種鑽牛角尖的想法只會把事情誇大。問題本身或許並不糟，然而我們看待問題的方式卻讓自己覺得問題似乎顯得大而牢固，趕不走，而且永遠都在那裡。

若能認知到別人也有自己的問題，甚至比我們的更嚴重，那麼我們的問題便會顯得微不足道，也較容易處理了。這樣來看待，會讓我們覺得釋懷，有時問題甚至因而消失無蹤了。不過可別期待一定會如此！一旦有所期待，便會成爲禪修時的障礙。就算沒有收穫，禪修至少可讓人敞開胸懷，增進慈悲和慈愛，讓我們更願意幫助別人。

另一種施受法則須承擔別人的問題或苦痛。或許你會想等第一種熟悉之後再試第二種；也可能一種接一種的兩種都做；或者，你可能會想要跳過第一種，直接做第二種。這裡並沒有硬性的規定，就選擇對你最好的方式進行吧！

## 練習的方式

舒服的坐著，背部端正，身體放鬆。讓心感覺輕鬆，讓自己處在當下，不想過去、未來、別處、別人等種種的念頭。將注意力放在呼吸上，維持幾分鐘，這樣可以幫助你將心安放在此時此地……

**動機**　等心平靜下來之後，對這次禪修心生一股正面利他的動機。例如，你可以想：「為了增加我的正面情感：慈悲、慈愛，和助人的心，好讓我的人生和一切所為之事都只對人有益而不致有害，因此來做此禪修。」

為了讓心準備好進行施受法禪修，先花點時間想想以下幾點：

所有眾生都想要快樂。他們都有基本需求：食物、遮風蔽雨的處所、活得舒適、感覺安全、有人愛；也有冀求之物：朋友、私有物、帶來滿足感的工作等等……一切眾生都希望能不再承受種種的苦痛和問題。

深入自己的內心，接觸心中這些與他人共通的基本感受。要認知到你在人生中所做的每一件事，都是為了希求快樂和避免問題而做；這對所有眾生來說也同樣成立。無須認為這樣的覺受有所不妥，因為我們都有權得到快樂，脫離苦痛。

接著問自己：「若我們同樣都想要平安、快樂、滿足，不想遭遇任何不快、苦痛、問題，那麼，若只關心自己的快樂和問

題，是否恰當？」想想：抱持這種自我中心的心態，會導致什麼結果？會爲你帶來所要的快樂，而不遇到想避免的問題嗎？

　　試著看出自我中心的心態會阻礙正面作爲，同時心生此一願望：能夠愈來愈不將心思放在自己身上，而能愈來愈關愛別人。這樣做的確可能讓你的心因而得到轉化，而且有個方法可以幫助你做到，那就是施受法。

### 用自身問題進行練習的施受法

　　開始修練時，先想出一個目前正困擾著你的問題。如果你並不十分熟悉這個方法，開始時最好先想中小型的問題，而不要一開始就應付最大的問題。可以是身體上的問題，如痛苦或不適的感覺，或某種疾病；也可以是情緒上的困擾，如難過、受傷害或孤獨感。待問題在心中浮現後，感受痛苦程度，以及想加以排除的心緒。

　　然後思索著：「我並非世上唯一遇到類似問題的人，還有許多人……」想想其他可能遭遇相同或類似問題的人，甚至情況更嚴重的人（譬如，你失去了一位心愛的人，那麼想想有人由於戰爭或自然災害而同時失去好幾個心愛的人）。自內心升起對他們的同情，這樣思索，並眞正加以感受：「這些人若能不必承受這樣的苦難，該有多好！」

　　然後，下定決心要接受並承擔此一自身問題，滿懷慈悲地祈求這麼做可使其他人自所受的苦難中解脫。對於自身問題的執著、恐懼和憎惡之情都隨它去，讓你的心因爲接納了問題而得以

安歇於柔和平靜之境……

　　當你對此修練更加熟悉和自在時，可以用來處理較大的問題，以及日後可能經歷到的難題。

### 用他人問題進行練習的施受法

　　想出一位你所愛、所認識且正在受苦的人，想像他就在你面前。讓自己設身處地試著真實感受到他所經歷的苦痛，以及心中想要擺脫的祈求：感受著如果他能自苦痛和問題中解脫，該有多好。然後鼓起勇氣，承擔他所受的苦。

　　把自己所抱持的錯誤見解，如自我中心、憤怒、依戀、妒忌等，觀想成一顆藏在心中，堅實、深色的石塊。接著，觀想所愛之人的苦痛，就像是自他們體內漫出的濃厚黑煙。你一吸氣，這股苦痛的黑煙就被你吸進來，吸到心裡，沒入那顆自我中心和誤解之石中，並將石塊摧毀。石塊和黑煙（也就是你和那個人的苦痛）都完全消失，然後，為了那個人如今已自苦痛和難題中解脫而感到喜悅。

　　隨著呼氣，你的快樂、正面特質、美德也以耀眼之光的形態射出體外。想像這股氣轉變成任何可為那個人帶來喜悅與祥和的事物：實體物件、愛與友情，以及內在特質，如慈愛、悲憫、勇氣、平靜。想像他們的需求和願望都得到實現，心中充滿了祥和、快樂，以及精神修持之路所需的一切知識與特質。讓你的心因自己能夠如此來幫助所愛之人而深感喜悅，就這樣徜徉片刻。

　　等你更加熟悉這個禪修法後，可逐一將朋友及親人當作練習對象，接著再以陌生人為對象，最後則以討厭的人為對象。

　　**迴向**　　禪修結束時，回想一開始的動機，並把做此禪修所得的正面能量迴向給眾生，祈求他們能獲得快樂並證悟。（若想知道其他轉化心念的禪修法，請參考第 222 頁。）

# 處理負面能量

當我們逐漸培養全心專注（正念）的能力後，會對自己的念頭和情緒愈來愈敏感，其中也包括了負面的心神狀態，如憤怒、厭煩、傲慢、失意、慾念等。為什麼這些狀態被視為「負面」？並不是說憤怒或慾念本來就是罪惡的，也不是說我們該為這些情緒感到羞恥；而是因為這些都是錯誤的想法，讓我們對實相產生誤會的扭曲概念，而且會造成不快樂、困惑、問題。若能掌握到正確的理解，擁有恰當的工具，那麼所有我們經歷到的內心體驗，不論負面或正面，都能讓我們在精神修持道路上向前邁進。

負面情緒源於我們加諸在所有事物上的虛假概念：認為萬事萬物都具有本然且觸摸得到的實質。這種錯誤的概念，讓我們對一切看來可人的事物產生依戀之心，對一切造成不悅或痛苦的事物產生退避或憤怒之心，對其他事物則抱持不聞不問、視而不見的態度。於是，我們的心將周遭所有人、所有事物分成友善、敵對、無所謂三類，這三種心毒更各自滲入我們的負面心境中。

然而，就像我們其他的體驗一樣，負面情緒並不長久，也不是固定不變或具有實質的東西；而只是心理上的能量，就像愛意及喜悅，本質清明且不具實體。有時你會覺得自己被這些情緒給淹沒了，而對能否真正掌握自心感到懷疑。但無須擔心。誤解在心中來了又去，但是並不代表你。

例如，我們經常在未經理解或並不清楚的情況下，便完全認

同自己的憤怒，不然就是完全加以壓抑，不想了解到底是怎麼回事。這兩種態度：被情緒所攫住或加以壓抑，都不是善巧的處理方式，且會讓事情更惡化。

較善巧的方式是，誠實接受情緒存在這個事實，但要讓自己退到一旁，以超然、帶著禪修時平和寬廣的心境來看待情緒。意識並注意到情緒的本質，只是心中一時的體驗，而非堅實固定的東西，也不代表我。這樣，或許我們便可純然的將情緒放開，讓它飄然而去。

說到「放開」，有時並不容易；當情緒已成為習慣或相當強烈時，更是困難。若真是如此，我們可用以下說明的方法之一或結合數個方法來分析情緒，以辨認出錯誤之處，並將心境轉化為較實際而正面的狀況。用這種方式處理憤怒或其他任何負面情緒，都可成為有裨益的學習經驗。

但對某些人或某些問題來說，「做自己的心理治療師」可能並不容易。分析和轉化那些強烈的情緒，如憤怒時，會需要較多的技巧和智慧。因此，若你發現自己做起來有困難，可以尋求別人的協助，如性靈老師、好的治療師或關心你的理智朋友。別人無法改變你的心，只有你才能做得到；但與人談談可以提供你一些新想法和新視角，讓你從中受益，下一步會好走些。

本章說明的方法極為實用，可處理執著、憤怒、沮喪、恐懼。處理情緒的第一步必須知道有情緒，且加以分辨，這點很重要。我們的心有時就像是由惱人的念頭和情緒所形成的叢林，很難真正看清其中狀況。若能以誠實、全然專注、明智來分辨，即

可漸漸分辨出來：「那是憤怒；那是慾念；那是恐懼」，等等。
只要知道自己面對的是什麼，便可選擇合適的方式來處理。

　　第二步則需對負面情緒抱著健康持平的態度。要避免的態
度包括罪惡感、自我憎恨或自我批判，及對情緒的認同（譬如，
「我就是生氣」，這會讓我們無法從中跳脫而以行動來發洩）。
這些都可避免，只要記得，誤解並不能長久，在心中就像是天空
的雲彩來了又去，更不是我們真正本性的一部分。心的真性是純
淨而沒有誤解的，就像清澈無雲的藍天。

　　下一步則要你在禪修時，以一種或多種的補救方式來對治
這些錯誤想法。若同時有多種不同情緒困擾著你，最好先從最強
烈且最麻煩的情緒著手——別嘗試一次處理所有的情緒！一旦
你能稍微掌控這巨大的情緒後，就可進一步處理下一種大的情緒
了。

　　此處說明的方法中，有些提供了檢視這些情緒的新方式，
有些新方式則是檢視情緒生起的對象或情境。對於困難的問題來
說，這些方法終究不是神奇的解藥。處理負面能量是件苦差事，
但若能多練習、有耐性，慢慢的，我們的態度將會有所改變，這
是第一步可以做得到的，然後對人對事的實際體驗就會逐漸產生
變化。禪修時若能熟悉這些方法，當有需要時想自然的運用，就
較容易辦到。

　　每次開始禪修時，要有正向而利他的動機，然後應花點時間
留意呼吸，讓心安靜下來，如此才較能客觀地反省自己的負面情
緒和補救方法。

## 執著

想要擁有某種東西，且不願和它分開，廣義來說，這就是依戀，也就是慾念。伴隨而來的是這項錯誤的假設：以為只要擁有想要的東西，便可帶來滿足；這正是執著會造成問題的原因。

要察覺自己是否有某種執著並不容易，要找執著的錯更是困難，因為我們還以為那是通往快樂滿足的道路呢！然而，得到滿足的慾念只是個幻象；慾念只會勾起更多的慾念，而非滿足。

對酒精、藥物或金錢的執著無法帶來快樂，反而會造成問題，這點或許我們還可察覺得出來；然而，我們可能會懷疑對人的執著有什麼錯？人生若沒有親人好友相伴，難道不會空洞又了無意義嗎？

會有這樣的疑問，是因為我們錯把執著當成愛了。執著關心的是自己的需求和快樂；愛則不是出於自私的心理，所關心的是別人的需求與快樂。大多數時候，我們的愛常與執著混淆，因為獨自一人讓我們無法感受到知足或安全，必須藉由別人才能圓滿。但若人際關係牽涉到執著的層面，問題便不可免。我們會依賴關係所帶來的美好感受，當關係發生變化時，便會帶來痛苦。真實而長久的快樂只能從內心尋得，只要我們還無助地倚賴別人以讓自己快樂，便永遠無法發現那種真實恆久的快樂。若能不再有不切實際想抓住些什麼心念，關係便不會帶來失望、衝突、妒忌及其他問題，而這樣的關係也是慈愛與智慧滋長的沃土。

克服執著並不是要你冷漠和漠不關心；相反的，是要我們了

解真正帶來快樂與滿足的原因何在，而能輕鬆掌握自心，這種超然可使我們更能享受人生，更少受苦。

## 處理執著的方式

1. 深思執著的壞處。仔細檢視那有所執著的心神狀態，那樣的心是興奮的，充滿了不切實際的想望；對於事實會加以掩飾，只關心自己投射出來的幻想；無法看清事物的本然樣貌，無法作理智的判斷。這是快樂嗎？

此外，執著的結果並非平和滿足，而是失望和想再來一次的念頭。想想自己與執著對象分開時所受的苦。我們都很清楚失敗的關係所帶來的痛苦，以及心愛的人死去所帶來的悲傷。

要知道，執著並非平和清明的心的狀態，且會帶來不滿足和不快樂。若養成執著的習性，會在我們的心識中留下印記，日後將遭遇更多難題。

執著會蒙蔽我們的心，讓我們無法識破執著的壞處。要誠實面對自己，看穿執著的假相，深入了解執著真正的本質，這很重要。

2. 記得一切事物都是無常的。事物的本質隨時會變化，且終究會消滅。你執著的對象不會始終具有吸引力且令人愉悅；稍微觀想一下，想像執著的對象老了、凋萎、破舊之後，你是否仍能抱著相同的情感？一旦不再能擁有時，你又會有何感受？

執著所體驗到的歡愉也是無常的。你對任何對象所擁有的真

正喜悅滿足，能維持多久呢？

當我們能認知到外物無法帶來長久的快樂滿足，就比較不會那麼執著了，這也讓還擁有時能更感歡喜！

3. 禪修時深思死亡。記得死亡是無可避免的，且隨時會降臨。想像自己與執著的對象：心愛的人、享受的活動、私有物，永遠分開了，會有什麼感覺？這些不僅無法在死亡之際幫助你，反而會擾亂你的心，讓你無法死得安心。

4. 對執著和所有錯誤的想法來說，思索空性都是最好的治療。詳加探究那體驗到執著之情的「我」。「我」的本質為何？嘗試由你的身或心找出這似乎真的存在的「我」所在之處。

對執著的對象也細加審視。這人或這物本來就美妙且令人愉悅嗎？如果是，為什麼不能受到每個人的青睞？你能看出自心因誇飾而為此對象興奮莫名的模樣嗎？

試著看清「我」與對象的存在並非本來固有，不是以外表看起來的樣子而存在：在本質上和特性上，都不是。這些話聽來或許很沒有說服力，執著心強時尤其如此，但仍請善加思考。僅僅只是對空性加以思索便有幫助，也會讓我們逐漸理解其道理，而減輕執著的強度。

5. 你若深深執著某個迷人的身軀（也可能是自己的身體），可如下加以思考。

　　首先分析這個身軀究竟哪裡深深吸引了你。接著，在心裡穿越此肉身的表面，對於皮相下的種種加以檢視：肉、骨、血管、器官。觀想其黏液、膿、血、糞、尿。要活潑生動地加以想像。對此種種，迷人之處何在？

　　想像這個身軀變老、佝僂、滿佈皺紋，則美麗的軀體又在哪裡？

　　這項練習有個重點，就是不要走到另一個極端，而開始厭惡自己或吸引你的人。要察覺執著如何扭曲我們的知覺，並誇大某人或某物的特質，讓我們沒能看到實相。經過分析後，我們便可腳踏實地，也有助於看穿光鮮的幻想之相。


　　6.若迷戀食物，有個療法可加以對治，就是深思在準備食物的過程帶給眾生苦痛。要供給我們魚與肉，就必須殺生；為了生產穀物、蔬果所進行的栽培、施肥、噴灑農藥等過程，也要殺死不計其數的小動物和昆蟲。同時想想農夫、漁民、果農、工廠工人、卡車司機、商店裡幫忙的人、廚師等所付出的辛勞。

　　進食時試著多加留意，對這些生命和人所付出的善意和犧牲心懷感激。

## 憤怒

　　相對於執著的（不想與某物或某人分開）是憤怒，是一種想要分開、傷害的心態。憤怒的對象多半是別人，但也可能是自己或靜物。舉例來說，憤怒的程度小到對某人喝茶方式的不適應，

大到能引發肢體暴力或殺人的強烈恨意。憤怒通常都與執著有
關。正如某位老師所指出，憤怒是執著得不到滿足時的反應。

　　耐性、容忍、悲憫、慈愛，都是憤怒的反面狀態。憤怒是一
種扭曲的概念，是對於事物的偏差反應方式，是種誤解，只會帶
來問題與不快樂，而無法得到想要的結果，讓我們的心不安寧，
以言行傷害別人，且在任何狀況下皆不是聰明善巧的反應方式。

　　憤怒的反面是耐性，是很有益處的心神狀態，讓我們可以在
受苦最少的狀況下接納所遇到的困難。但耐性是靠學習而來的，
培養的方法就是修練憤怒的療方。

　　相較於執著，憤怒的壞處更是明顯；然而，要對治憤怒卻很
困難。部分原因在於我們甚至不願承認自己在生氣，或者，就算
承認，也不認為這是項缺點。我們或許想做到平和仁慈，但在努
力的過程中可能把不悅、不快、埋怨這些較難察覺的憤怒型態給
壓抑了下來。這並非解決之道。情緒仍在，像是慢火般在心裡熬
煮著，令我們更加緊張不安，也連帶影響到其他人。

　　另外還有個同樣錯誤的解決方式，就是將憤怒視為不應節制
的自然能量，只要有怒氣就直接宣洩出來。這樣或許可以立刻消
除緊張的情緒，看起來似乎是有技巧的處理方式，但仍不是解決
之道。我們只需看看短期的效應（自己跟別人都因而不安）和長
期的效應（習慣性的生氣），便可明白放縱怒氣絕無用處，也不
高明。

　　真正善巧的做法是，當憤怒生起時能加以辨認，然後放在心
裡好好處理。當一感覺到憤怒就抓住，便足以消解許多能量。然

後，應該以多種角度來檢視：情緒出現的原因是什麼？我們想以這種情緒達到什麼作用？怎樣看待目前的狀況？一旦對憤怒有清楚的認識，將更能抓住，因為識破情緒不合理的地方，就較不會捲入其中。

憤怒會扭曲我們對事物的看法，因此，加以檢視後，可用以下其中一種方法來對治，讓心轉向，具有較正確、實際的看法。然而，要做到並不容易。憤怒的能量很強大，而我們並不習慣去控制或轉化。可以在禪修時反覆使用這些方法來面對過往的憤怒經驗或想像出來的情境，當日常關係中出現憤怒時，回想自己在這些練習中所得到的洞見，並試著不再以過去熟悉的方式生氣；這種做法很有效果。

當然，並不會總是奏效。有時可能過了幾分鐘、幾個鐘頭或幾天後，才發現自己生過氣，傷了人！不過，補救永遠不嫌遲。坐下來，回想當時的情況，看看哪裡出了錯，想出避免犯下相同錯誤的方式。我們也可進行一次淨化修練以補救所產生的業力，並向受傷害的人賠罪。

也可用同樣的修練來解決多年前的問題。若憤怒仍持續出現、強度不減，無須氣餒；要將強有力的習慣革除需要時間。重要的是，願意在這上頭用心，並且真的嘗試去做。

## 處理憤怒的方式

1. 深入思考憤怒的壞處與缺點，以了解憤怒帶來的傷害遠大於幫助，絕不是你想耽溺的狀況。首先，看看憤怒對身心所帶

來的立即影響。生氣時像什麼？內心平和快樂，還是不安不滿？能夠清晰的思考、明智的決斷，還是思考混亂而不理智？

　　憤怒又是如何影響著你的身體？感到平靜輕鬆，還是激動緊張？科學研究顯示，對某些健康問題，如心臟病、癌症，還有暴斃，憤怒都是重要原因。

　　憤怒對周遭人有何影響？以言行來表達憤怒，會造成什麼結果？可能因而傷害了心愛的人，並破壞珍視的關係。但即使憤怒的對象是「敵人」，也就是那些你認為應該傷害的人，也可能為日後帶來苦果。那麼，這種處理方式是最明智的嗎？

　　憤怒對心理層面也會產生細微、較不明顯的影響。以業力來說，生氣會在心中留下印記，而在以後帶來痛苦的經歷──更多的苦。憤怒還會毀掉許多我們辛苦累積的善業。對於正面特質，如慈愛、悲憫、智慧的培養，以及對性靈上的進展來說，憤怒都是主要的障礙。

　　認知到憤怒造成有害的結果，便要下定決心不讓憤怒佔據自心，並學會加以排解。


　　2. 要記得業力，也就是因果法則（參閱第 90 頁）。若有人傷害了你，像是惡言惡行或不友善，欺騙或偷竊，或者破壞你的東西，而你似乎並未做過什麼應該被這樣對待的事，請再想想。

　　根據佛法，我們所遭遇的任何不幸，都是過去（此生或過去世）所做傷害行為的結果。我們有收穫，是因為撒下了種子。若能如此看到自身的問題所在，便較能接受該負的責任並加以承

擔，而非一味責怪別人。同樣的，若能了解發脾氣與報復只會為日後帶來更多問題，便會下定決心要更有耐性，更小心自己所造的業。

3. 面對傷害你或讓你不安的人時，另一種處理方式是設身處地的讓自己以他們的角度來看待事情。什麼事讓他們如此作為？他們的心平和快樂嗎？還是困惑、悲哀、失控？就像你一樣，他們也有問題與憂慮，也想快樂，盡力善用人生。回想自己生氣時對人不和善的經驗，便能更明白他們正經歷的事。

另外可以想想，如果他們繼續蒙昧的作為，會導致什麼結果。會快樂滿足，或是只為自己帶來更多麻煩與苦痛？我們若能真正了解別人的困惑與苦痛，便較不會憤怒以對，因為這樣只會讓他們受更多苦，而會以慈悲來對待他們。

4. 佛法裡說，若自身沒有某些缺點，也就看不到別人有那些缺點。就像有人說的：「什麼樣的人懂什麼樣的人。」所以，別人就像一面鏡子，可以讓我們看到自己還需努力的地方。

檢查一下別人到底什麼地方讓你不喜歡或生氣，然後檢視自己是否也有相同的特質或類似情況。可能很明顯：或許很容易就想起自己也做過同樣的事，或發現自己也有一樣的壞毛病。

但有時候可能需要看得更深入點──有可能你覺得自己的某項特質不好、無法接受，長久以來一直被你壓抑著。這正是問題所在：因為不願接受那部分的你，也就無法接受別人，因而看

到時會生氣。

解決之道是學著接納自己的那種行為或特質。「接納」並非忽略，也不是要你認為自己可以任意妄為，而是誠實面對缺點存在的事實，知道自己可以努力減輕其程度，最後加以克服。若能包容自身的缺點，以慈悲心來看待，對別人也就能更包容、更慈悲了。

5. 當我們不快樂或不滿足時，比較容易生氣。你若發現自己為了小事而焦躁生氣，可以坐下來，檢視一下內心深處的狀態：是否對某事有些不滿意？還是對自己或人生某些方面抱持不快樂、批判的想法？是否對負面事物所花的心思多於正面？如果真是這樣，那麼「珍惜人身」的禪修（第 68 頁）會是不錯的療方。你和你的人生確實擁有一些美好事物，若能多加留意，就能更快樂滿足，也就較不會以憤怒作為反應的方式，即使發生重大問題時也能這樣來應對。

6. 當憤怒升起時，將注意力轉而向內，檢視正在生氣的「我」。分析一下，「我」在哪裡，以何種狀態存在，同時加以應用你對空性的了解。

也要檢視生氣的對象。真的以你所看到的那樣堅實而確定地存在著嗎？如果讓你生氣的人真是這麼壞，本身就是不討人喜愛的人，而與你的心認知的方式無關的話，那麼，每個人應該都會看到相同的他。但真是這樣嗎？還是仍有人喜歡他、佩服他呢？

　　試著以夢境來看待這種狀況：儘管夢境中看起來如此真實，但再回過頭來看，即使只是第二天，便已顯得遙遠而褪色，徒留回憶罷了。

　　7. 以精神成長來看，困難的狀況通常也最有回報。因此，惹我們生氣的人給了我們機會，知道自己仍有事情要做。

　　我們有時可能認為自己已經在了解自心、控制自心上走了一大段路，如今的自己已相當平和；然而，突然間，怒氣蹦出來了！這就表示當有人讓我們生氣時，就是個機會，可以看看自己身在何處，並應用所知，增加耐心。請對此加以深思，強化自己的決心，要了解並調伏憤怒，學著以耐心來對付這種狀況，這樣於己於人都有助益。

　　8. 深思「對死亡的禪修」的要點。死亡隨時會降臨，因此，緊抓著與人不同之處實在毫無道理。死時若帶著尚未解開的憤怒之情，對心境將具有破壞性，讓你無法安心的死去。

　　其他人也隨時會死，而如果這件事發生在你處理好彼此間的問題之前，你將有何感受？

　　你、其他人，以及你們之間的往來，必有結束之時。這麼一來，問題還顯得那麼重要嗎？真的值得為那些問題如此痛苦、不快樂嗎？

　　9. 以上述方法可以在某些程度上控制憤怒後，或許會想在

愛心的培養上下功夫。你可修練培養慈愛的禪修，在面前觀想讓你生氣的人，特別下功夫去實際轉變自己對他們的感覺。

10. 上面所講的方法，都是以禪修試著自行處理憤怒；然而，也可用和對方溝通的方式來解決爭端。不過對這點，我們必須謹慎。首先，得考慮對方是否對這樣的溝通有興趣，以及這樣做是否能帶來正面結果。再來，要小心檢視自己的動機：我們是真的想妥善處理彼此不同之處，讓雙方有較佳的認識；或只是想表達自己憤怒的程度，或想贏過對方？

討論這個問題時，若心中想要傷害對方或帶著期待與要求，這樣的溝通是無法成功的。因此，必須清楚自己的真正動機，在說明自身感受時要很誠懇實在。這種開放性的溝通方式很具力量，足以化敵為友。

當然，有時憤怒是如此強烈，以致你根本不想安靜的禪修！但至少應試著讓自己不至於完全被捲入，不至於氣憤地說話或暴力相向。你可以用些方法，試著給能量一個去處，而不要傷害對方；也可以學石頭或木頭，讓自己完全不加以反應，直到憤怒和緩下來。稍後當你的心更平靜時，對此問題進行禪修，並且施用療方。

若問題屬於不斷反覆出現的情況，如生氣的對象與你同住或共事時，可在禪修時想想該情境，並思考下次發生時該說什麼、做什麼會較有效。這樣一來，準備會比較充分，不致不知所措。

## 沮喪

沮喪有許多型態，有些是短期的，比如說失去了什麼、生病了或無法得到想要的東西之類的問題；有些則是長期的，可能是因爲遺傳或生理方面的因素所造成。至少對某些沮喪來說，禪修是有幫助的；而嚴重或長期的沮喪，則可能需要尋求藥物或治療的處置。

沮喪是幽暗、沈重、不快樂、以自我爲中心且缺少正面能量的心神狀態，常伴隨自我憎恨、自我批判或其他負面的思考模式，會無視於實際狀況，誇大事物的負面而忽略正面；把半杯水視爲半空，而非半滿。

沮喪的人常會聚焦在自己的問題上，加以放大。想法不斷的向下迴旋，覺得情況無望，不可能好轉。我們爲自己難過，看到自己身處悲哀故事的中心，幾乎或根本沒有精神跟別人訴苦。覺得無法好好照顧自己，甚至讓周遭的人也跟著沮喪起來。

我們都有偶爾沮喪的傾向。我們並非完人，人生也非一帆風順。我們會犯錯，也無法控制有什麼事情會發生。當我們不能把這些問題當作人生自然的面向而欣然接受時，或者無法純熟地加以處理時，便會沮喪。當然，痛苦是眞的，問題也需好好處理，但讓自己就此沒入沮喪中並非解決之道，只會讓不快樂的情形加劇且益形複雜。最好的辦法是，分析自己的思考模式究竟是如何解讀情境的，試著找出出錯之處，漸漸的就能學會及時逮到出錯的狀況，以較正面的態度來看待事情，並運用與生俱來的智慧。

## 處理沮喪的方式

1.向後退一步，拉開自己與想法、感覺之間的距離，看看它們到底在說些什麼。沮喪常會附帶著重複的自我批判想法，如「我沒用」、「沒人在意我」、「我什麼事都做不好」。我們若對自己夠誠實，便可看出這些想法都是弄錯或誇大了，焦點只放在負面而忽略了正面。

如果可以的話，可進行「珍惜人身」禪修。即使問題很嚴重，仍要記得，你擁有許多正面能量和具大的潛能，這點很重要。要克服沮喪（或至少減輕其程度），是可能做到的，只要改變思考方式，看重自己性格和人生的正面而非負面即可。你確實擁有這些正面向的，端視你能否看到並認同它們，而非認同你對自己的沮喪和低下看法。

然後，你可以「換一首曲子」，將心帶往較符合實際而正面的想法上，如「我擁有這種和那種優點」、「確實有人愛我、關心我」、「我可以把這個跟那個做得很好」。甚至可以對自己還活著感到欣慰——還沒死於疾病、意外或自然災害，以及對於能運用自己的身與心所做的一切感覺快樂。

2.做「觀明性禪修」。不快樂、擔憂、挫折或愉快，都只是心靈的能量——清明、無實體、短暫，單純的觀察這些穿越心中的種種念頭和體驗，不需加以批判或隨之起舞。

記著，一切的經歷都是無常的。你過去或許曾經沮喪，然而

這樣的體驗如今在哪裡？早已消失了。同樣的，目前的沮喪也是如此，或許會持續幾個鐘頭或幾天，但終究會消失。而即使在此期間，這種沮喪的感受也非始終如一。若仔細檢視自己的心，會注意到，即使難過的時候，仍會出現零星輕鬆或喜悅的時刻。不論何者，都別緊抓不放，就讓它們走吧！

記住，你的心是由各種體驗所串成的流動：歡喜、不快活、正面、負面，本質都是清明而不具實體。這些體驗出現又消解，就像海中波浪，只延續一段短暫的時刻。你的沮喪就像個浪頭：是一時而易逝的一次體驗，若緊緊抓住並想著：「我就是這樣」，並不適當。

3. 深入探究「我」（參閱第 62 頁），這個強烈認同不快樂的念頭和感覺的你之自我感。試著將這個「我」找出來。「我」的本質是什麼？屬於身體或內心的一部分嗎？或者在別處？這個消沈的「我」是長久不變而觸摸得到的嗎？

4. 做「培養慈愛的禪修」（第 126 頁）或「培養慈悲的禪修與施受法」（第 132 頁）。將注意力轉而向外，朝向別人，深思他們的需求和苦痛，將有助於你較不那麼以自我為中心，也就能在看待自身問題時較符合實情。不過，在深思別人之苦時要小心，若覺得會讓自己更沮喪，則要退開，轉而注意正面而有提振心的事。

5. 找一種觀想式禪修來做（第五章），如光體、度母、淨化禪修，有時可很快消解對事物的沮喪之見。

6. 還有一種有效的方法能夠對治沮喪，就是出門去幫助別人：做志工或服務性質的工作。據發現，這樣做有助於釋放腦內啡，也就是「讓人快樂的內分泌」到神經系統，讓人自然而然會感覺好些。運動也具有同樣效果。在你過於沮喪而無法禪修時，這些方法或許有些幫助。

## 恐懼

傳統上，佛教並不把恐懼視為一種妄念，或者讓人不安的情緒，但恐懼確實是造成不快樂和壓力的常見原因。恐懼並不必然是負面的，要看害怕的對象、處理的方式而定。事實上，恐懼仍可能對日常生活及精神修持有幫助。怕發生車禍導致自己和別人受傷的心理，會讓我們開車小心，並遵守交通規則；怕生病早死會讓我們明智地進食，並注意自己的健康；怕臨死之際內心是負面失控狀態，會讓我們為死亡預做準備，進行精神修持；怕負面行為帶來苦果，會讓我們少造惡業，而懷著慈悲做事。

然而，恐懼也可能帶來負面結果：可能令我們不安、破壞健康、以錯誤的方式看事情、行為不理性或具破壞性，因此，應設法克服恐懼。證悟之心的特質之一就是不再有恐懼。

恐懼和焦慮的根源在於我們對「我」和所有事物抱持著錯誤的概念，將這些視為真實、實在、長久不變。因此，對任何看來

宜人、有幫助的人事物便心生執著；而在分開或失去時，便感到
恐懼；對於我們視為不悅或討厭的人事物，若不能保持距離，就
會心生厭惡和害怕。

很少人會正視自己的恐懼，以試著了解和妥善處理。我們可
能被恐懼淹沒或感到無助，不知該如何處理；也可能加以壓抑，
心想：「恐懼是件壞事，我不該怕」，或「我如果加以忽視，就
不會怕了」。但這並不是脫離恐懼的好方法；相反的，恐懼仍停
留在潛意識中，隱隱影響著我們的想法、感受，以及生活。

以下方法告訴我們可以如何面對恐懼，如何分析以了解恐
懼，以及如何改變自己的心態。

## 處理恐懼的方式

1. 注視自己的恐懼。坐著，用觀呼吸禪修讓心平靜下來。
接著，讓恐懼出現在清明寬廣的心中。別沈溺其中，往後站，客
觀的加以檢視。問自己到底在怕什麼？

之後，問自己：這種恐懼合理嗎？害怕的事真的會發生嗎？
或者，我的心是否被並不實在的幻想給攪住了？

若恐懼之事確有可能發生，你可以做什麼來加以防範或避免
嗎？若可以，就下定決心去做，別繼續擔心！

若沒什麼是你可以做的，或者即使試著防範，恐懼的事仍可
能發生，那麼，是否可以做什麼準備來面對？想想那些有相同經
歷的人，如果他們做得到，我也可以──這樣來看待或許可以
給你力量。

　　偉大的印度大師寂天有此忠告：「若事情可以補救，爲何要不快樂（或擔心）呢？若不能補救，不快樂（或擔心）又有何用？」值得我們謹記。也就是說，若可以做些什麼來防範或補救某種討厭的狀況，便應起而行動；但若什麼都不能做，擔心也沒用，那就最好接受吧！

　　2. 你若害怕變化、失去或死亡，可以做「觀無常禪修」和「對死亡的禪修」。讓自己熟悉這個概念：我們、別人、周遭事物隨時都在改變中，而且終究會消失，能讓我們逐漸接受這事實並減少恐懼。

　　3. 尚未得證的生命本就會遇到問題和不悅的痛苦經歷（參閱第110頁「對苦的禪修」），請深思這一點。這點對你是成立的，對其他尚未得證的眾生也是如此—— 你並非孤單一人！但這種情況不會永久不變。你和所有的人都擁有潛力，可脫離一切的苦，永遠享受圓滿的平安與快樂。問題的發生有其原因和條件，主要是業力和妄念，而這些確實都可消除。下定決心，把精神力氣放在這些事情上：不做負面行爲，滌淨已造作的負面能量，多做正面行爲，以及努力讓自心克服那造就苦痛的主因—— 妄念。

　　4. 達賴喇嘛常說有個很有效的方法可讓自己充滿勇氣和自信，就是抱著利他的動機。譬如，若你因爲要面對一大群人說

話，甚至只是跟一個人說話而感到緊張，事前先花點時間想想慈愛和悲心，並誠摯希望自己有助於他人。當心中充滿關懷別人的念頭時，就不會有什麼「他們會喜歡我嗎？」或「我會發生什麼事嗎？」之類的空間讓自我本位去憂慮了。這樣一來，溝通就能順利滿意。即使結果不如預期，至少自己是帶著利他動機，而非自我中心來行動，所以會較感自在。

5. 因為恐懼的根源在於我們對自己、每個人、每件事物存在的道理抱持錯誤概念，所以做「對空性的禪修」會有幫助。當你有恐懼感時，向內觀看，檢視那正在害怕中的「我」，真的存在嗎？是自行出現的嗎？如果是，存在於何處？如何存在？在我的體內？在我的心中？

也可以同樣的方式分析懼怕的對象，看看到底是否如你所想的那樣真實存在、無可懷疑。

6. 有些人發現，害怕時若能觀想一個能夠給予庇護的對象，會有幫助。佛教徒可能會想到佛陀或已證悟者，如觀音菩薩（第174頁）或度母（第170頁），後者實際上便以能舒緩各種恐懼而聞名。許多故事都提到，有人因向這些聖潔的本尊祈求或誦念其咒語而獲得神奇的效果。即使我們身外沒有發生任何神奇的事，單單尋得庇護和祈求這兩件事也可以幫助我們內心較感平靜、生出勇氣，也較能掌控艱難的處境。

# 5

觀想式禪修

# 觀想是什麼？

在嘗試平靜和專注的過程中，你大概已注意到，跟許多東西一樣，視覺影像會讓你分心，飄離了禪修的對象：所愛的人的臉、你的家、熟悉的地方、開胃菜、記憶中看過的影片。這種影像整天隨時會自行出現，只是我們常太專注於外在感覺而忽略。到了晚上，我們的心還會創造出生動的場景，讓我們在夢中與人交流和行事。觀想，或者說想像，是一種我們都熟悉的心智能力。事實上，我們大概隨時都在觀想，但除非本身就在美術、設計、電影等領域工作，否則幾乎或根本不會進一步培養和利用。

這種天生的、以圖像思考的能力，可用來深化禪修時的體驗。在藏傳的性靈開發途徑上，有幾種方式應用到了觀想。觀想為分析式禪修增添了另一個向度——譬如，觀想自己死去的場景，能夠讓我們更加敏銳地意識到自身必然會死；在做慈愛與慈悲的禪修時，觀想實際的人對於培養這些特質會更真實，讓人更有覺受。修行上也建議在開發單點注意力時，可以自內心生起佛的影像做為專注的焦點；而在向已證悟者祈求時進行觀想，也有助於強化信念和信心。

金剛乘或密續充分運用了觀想的藝術，可說是最深奧、最快速的證悟途徑。此一修行的道路，是要我們在身心上完全認同一個已證悟者，並將周遭環境視為淨土。當潛在的證悟能力開始發揮時，我們便會逐步丟棄對自己和所有現象所抱持的常見錯誤認

知。

金剛乘中所觀想的諸佛，如度母和觀音，都象徵得證的境界，每尊佛都展現了某項特質，如觀音是悲心之佛；同時，也各自代表了整個證悟的歷練。觀想的細節，如顏色、法器、手勢、姿態等，則分別代表性靈圓滿之道的各個面向。

以這些佛爲觀想對象所做的禪修（也可選用令自己較感到自在、屬於其他性靈傳承的形象，如耶穌基督或聖母瑪麗亞），有助於我們敞開心胸，接受慈愛、悲憫、智慧、力量的純淨能量；其實不論身在何處，這些能量始終環繞在我們周遭。由於我們內心都潛藏著這些得證後的特質，應把這些觀想的對象視爲眞正自性之反影。儘管究竟實相無法以文字來表達，但文字能帶領我們加以探究；而在證悟成爲實際的事實之前，影像則能常常提醒我們證悟的經驗。

觀想的方法運用了分析式與止這兩種禪修。剛開始禪修時，需運用分析以建構影像，進行中若遺忘了，也可用分析來回想。當發生其他問題時，如分心或出現負面想法，也可以用分析加以處理。

但要開發清晰的觀想力，主要仰賴止。當影像出現而我們也感覺自在時，應以單一專注力來維持這個影像，不讓心思受到任何打擾。剛開始時，我們的注意力只能維持幾秒鐘，但持續修練後，便能維持得愈來愈久。每當注意力渙散或忘失觀想的對象時，就應再次回想。這種禪修法讓我們不僅更熟悉帶有正面意涵的影像，也加強了掌握自心與專心的能力。

常有人覺得觀想是很困難的事。若遭遇困難，有可能是因為太過急切或期待過高。必須讓心處在適當的狀況下——放鬆、清明、開放。太過努力會造成緊張，只會造成畫面一片黑暗；若不夠專心，也就是心中充滿外物，也就沒有空間可容納所觀想的影像。我們要學著調整專心度，就好像為樂器調音一般，帶著敏銳性和耐心，以發現什麼樣的心神狀態可讓影像清晰。

也請記得，觀想所運用到的只有心智能力，並非眼力。若窮盡目力以便看清楚，顯然是搞錯意思了。放輕鬆，讓影像自心中浮現。

此外，不論出現什麼，都應覺得滿足；即使只有部分的樣子，或顏色矇矓，或甚至什麼也沒有！重要的是，感覺到已證悟者確實在場，完美的影像沒能顯現則不用擔心。因此，請放鬆自己，卸除期待，對佛確在身邊滿懷信心，這些都很重要。若是期望在嘗試一兩次後就會出現完整而完美的影像，將會提早造成自我挫敗；要知道，這有時可能需要經過好幾年的修練才能真正看到。再強調一次，這跟心的狀態是否調適得恰如其分有關。學著運用心的能量及組成元素，以創造一次正面而歡喜的禪修經驗。

用熟悉的事物來練習觀想或許會有幫助。安靜地坐下，閉上雙眼，心裡想著一位友人（舉例來說）。嘗試看到他的細節：眼睛、鼻子、嘴唇的顏色及形狀、頭髮的式樣、身體的外形等等。也試試其他東西：你的家、窗外的景致，甚至自己的臉。

若能仔細端詳諸佛的圖片或塑像，再閉上眼睛試著回想形象的細部，這樣來觀想可能會容易些。然而，這只對於細部有幫

助：可別把所觀想的對象想像成如畫一般呆板，或如塑像一般冷硬無生命。觀想的對象應該是溫暖、生意盎然、充滿情感、立體且由純淨閃耀的光所構成。要感覺自己真的跟一位歡喜而滿懷慈悲的得證者同在。

最後，若能先練習以下較簡單的觀想，然後再嘗試複雜一點的方法，可能也有幫助。

# 光體禪修

**動機**　舒服地坐著，背部端正，呼吸自然。心生進行此項禪修正面利他的動機，然後花點時間留意呼吸的自然節奏，好安放你的心。

待心平靜清明後，觀想頭頂上方有個稍小於頭的白色光球，純然透明而不具實體。花幾分鐘專注在這個光球上。若光球看起來並不清晰，不用擔心，只要能感受到它在那裡就夠了。

想像光球代表了宇宙間共通的和善、慈愛和智慧，是你的潛能實現後的最高層次狀態。接著，觀想光球縮小到直徑一英吋（約 2.5 公分），降下來，通過你的頭部，到達心輪中央。之後光球再次膨脹，慢慢散開，直到充滿整個身體。過程中，身體的實體部分漸漸消融成為光——器官、骨頭、血管、組織、皮肉，通通變成純淨半透明的白光。

讓自己專注在這個身體變成光的體驗中，想像所有問題、負面能量和障礙全都消失了，自己達到一種完整而圓滿的境界，感到安詳喜悅。一旦心中出現任何念頭或外物，就讓這些也消融成為白光。用這種方式，讓禪修盡可能持久。

**迴向**　結束時，將此禪修的正面能量迴向給眾生，祈願他們得益。

# 簡易式的淨化禪修

　　我們的個性同時具有正面與負面特質，一方面有愛心、智慧、歡喜、寬容，另一方面也有憤怒、自私、懶惰等一長串問題。這些特性都只是心靈上的感受體驗，是在意識之海上湧動的波浪，具有同樣基本而清澈的本質，並非靜止而長久不變，而是始終在流變中來來去去。

　　然而，有兩項不同的重點。第一個要點是：正面的心可帶來成效，對自己和他人都有好處；負面狀態則有害，只會帶來困惑與痛苦。而心的平靜則要藉由培養正面特質，同時捨棄負面特質才能獲得。

　　第二個要點是：憤怒及其他心靈上的不良狀況，是由於對事物存在的道理抱持錯誤概念所致；而正面的心態則是出自符合實際、正確的認識。若能意識到這點，能發展出對實相的正確看法，我們的負面狀況就會逐漸緩減，最終會完全消失。一旦增加了智慧，自發性的良性情感隨之茁壯，個性也得以逐漸轉變。這個途徑的終點就是證悟，所有利他特質皆可臻於圓滿，也就是高度清明、慈悲的境界。

　　我們常會認同自己的負面比正面多些，對所犯的錯誤深感罪惡，總是相信：「我沒救了；我控制不了生氣的自己；我做什麼都不對；我冷酷無情，無法愛人。」雖然每個人會犯錯和製造問題，但認為這些會長久不變卻是不對的。只要願意下功夫，我們

的確可以擺脫負面能量，不再負荷著罪惡感。方法之一就是進行淨化。

淨化在佛教修行裡是一再出現的主題，基本上端賴我們是否能夠改變思考方式而定。我們若認爲自己不純潔、不夠好，便會眞的變成那樣，低度而消沉的自我形象會逐漸滲入自己的行爲和人生觀，因而感受到自身的侷限性、能力不夠，甚至不給自己一個改變的機會。若能認識到自己其實擁有可以臻於圓滿的潛能，誠心地下功夫開發，也就可以培養較正面的自我形象。要相信自己的本質是清淨的，首先就要讓自己變得清淨。因此，我們要淨化的就是缺乏自信和認同自身負面能量的傾向，以及負面能量本身。

這裡的簡化禪修法包含了淨化修行的精華：將問題和錯誤放開，視爲只是一時蔽日的烏雲，而非本性固有的部分。這樣有助於我們接觸到天生的正面能量，並加以開發。

## 練習的方式

感覺自在，放鬆自己，花幾分鐘將心安放於此時此地。

**動機**　想出一個良善的理由作爲進行此禪修的動機，像是希望更能擺脫負面能量，好讓自己對別人更有助益，更無傷害。

集中注意力在呼吸上。正常的呼吸，留意每次吸氣和呼氣的整個過程。

當心平靜下來後，想像吸氣時，宇宙間所有的正面能量都以

純淨喜樂而閃耀的白光進入你的體內，觀想這道光芒流向身體各處，充滿了每個細胞和原子，使你感到放鬆、輕盈、喜悅。每次呼吸時都如此觀想。

待你熟悉吸入白光的過程並覺得自在後，可隨著每次呼氣，開始將黑煙呼出。想像你所有的負面能量、過往所犯的錯、扭曲的概念、擾人的情緒，都隨著氣息，以黑煙或黑霧的型態離開身體。這團煙沒入空中，消失不見。別擔心是否污染了環境，只需想像這團煙已不再存在就好。對於你能淨除自身所有的過錯和負面能量，要充滿信心。

讓自己專注在此一體驗上：將問題的黑煙呼出，並吸入具有好能量的白光。就這樣做下去，隨你想做多久。若有分神的念頭或其他體驗出現，只要加以留意並觀察即可，不要有所反應，也不要捲入其中。你也可以將令你分心的事物轉化成黑煙呼出。

**迴向**　結束時，將所得的正面能量迴向給一切眾生，祈願他們都能找到長久的快樂和內心的平安。

# 度母禪修法

度母在諸佛中所代表的是所有得證者的善巧作為，也代表根據我們能力高低與我們相應或引導我們時所用的方法。梭巴仁波切如此解釋：「度母以女性形象展現佛的所有作為，以幫助有情眾生獲得世俗快樂及究竟快樂。」由於度母代表了行動——作為、克服障礙及獲得成功這三類能力，因此也代表了勇氣和力量。藉由深度觀想度母，可使我們在所希求和需要的事項上很快獲得結果。

度母的故事發生久遠以前，當她是公主時，名叫「智慧之月」，對佛陀及他的追隨者極為虔誠。她發下菩提心（成佛以幫助眾生的志願），並發誓：「希望以男身得證者甚眾，但無人以女身為利益有情眾生而努力。因此，我要以女身為利益有情眾生而努力，直到輪迴皆空。」

此後，這位公主便投身修行以獲致徹底證悟，在達成目標後，便成為眾所知悉的度母（救度者）了。

度母也被視為「眾佛的母親」。對此，耶喜喇嘛解釋道：「這是因為她體現了實相的智慧，所有的諸佛菩薩都因此一智慧而出現。這種智慧也是快樂及性靈成長的根本因，這就是度母被喚作母親的緣由。」

度母也是我們的母親，因為她喚醒了我們證悟的潛能，也幫助我們實現此一潛能。

度母，救度者

## 練習的方式

**動機** 放鬆身體，讓思緒平靜下來。請想著你做這項禪修是為了利益一切眾生。

觀想示現一切正面特質的度母現身在你面前，她的身軀發出翠綠色的光芒，半透明而耀眼（度母的大小隨你想像）。

度母的左腳收起，代表對性能量有完全的掌控力；右腳向外伸展，表示隨時可應眾生需要而動身前往救助。她的左手放在胸口，呈現給予庇護的姿勢：手掌向外，拇指與無名指相接，其餘三指向上伸出。

度母的右手置於右膝上，呈現給予最上證悟之姿：手掌向外，手指稍向下指。

兩手各握著一朵青蓮花（譯註：音譯為優缽羅花或優曇婆羅花）的花梗，這種花是中脈不受阻礙的象徵。細緻美麗的度母，帶著慈愛向你微笑。她的衣裳是天上的絲所織就的，嚴飾著寶石。

專心觀想一段時間，並敞開心懷，感受度母從不枯竭的慈愛能量。

接著，想想自己的問題、需要和目標，然後發自內心向度母祈求，請求幫忙。度母立刻便有所回應，讓光流進你的體內：白光發自她的前額，進入你的前額，讓身上所有的窒礙和負面能量得以消除；紅光發自她的喉部，進入你的喉部，讓言語所有的窒礙和負面能量得以消除；藍光發自她的胸口，進入你的胸口，讓內心所有的窒礙和負面能量得以消除。一一觀想這些項目；要真

正感受到自己完全自所有問題中解脫，並且接收到啟發和能量，幫助你完成目標。

如果想要的話，在觀想的同時也可誦念度母的咒語，並持續一段時間：「唵 達雷 嘟達雷 嘟雷 梭哈」(*om ta-ray too-ta-ray too-ray so-ha*)（咒語的說明請參閱第 239 頁）。

之後，度母來到你頭頂的上方，與你面朝同一方向，化成綠光，穿過你的頭頂，降入你心輪中央，那是心識所在之處。你的心識與度母的心識合而為一，感受到清明、祥和、喜樂。

盡可能讓此狀態保持長久。一旦出現念頭時，只要不執著的看待，無須加以評判，然後將注意力放回這清明喜樂的體驗上。

**迴向**　結束時，將得到的正面能量迴向給所有眾生，希望他們能獲得脫離困惑和苦痛的大樂。

（另有一種度母禪修法，附有咒語，請見第 234 頁。）

# 觀音禪修法

慈是希望別人快樂，悲則是希望別人脫離苦痛，並從事能做的事以促其實現。

悲憫與憐憫應有所區別。憐憫是當我們看到或聽到別人受苦時，所經常感受到的悲哀與焦慮之情，是基於恐懼和自我而來，同時希望能與受苦的人保持安全距離。悲憫則相反，是基於慈愛：能同感別人所受的苦，具有同理心，且願意走近他人，幫助他們。

悲憫並非帶著情緒而過度捲入別人的問題中，那會使人沮喪，感到無助，是「沒用腦筋的悲憫」。真正的悲憫必須運用智慧，了解苦痛的原因和機轉，因而可以平靜實在地面對別人，處理他們的問題。做自己能夠做的，同時了解自己的侷限，就不會因為做不到而難過。

真正重要的是，要能在態度上帶著悲心；因為即使得證者也無法實際消除別人的苦──那樣的事只有當事人才能做到。況且，若自心還受困於錯誤的概念和混亂的情緒，助人的能力也就受到了限制。因此，我們應培養智慧，以看清事物的實相，同時下功夫在悲願上，解除他人的苦，這樣，我們的行動才能真正達到善巧之境。

觀音，悲心之佛

　　悲心不僅對別人有好處，對自己也是如此。正如達賴喇嘛所說：「你若想讓別人快樂，就要修練慈悲心；你若想讓自己快樂，也要修練慈悲心。」

　　我們都有做到廣博無限的悲（大悲）之潛能，而用以喚醒和開發這項潛能的方式當中，有一種很具力量的，就是觀想慈悲的化身——觀音，並深思其咒語。

　　所謂咒語，就是一串相應於我們內在某些細微振動的音節。咒語源自證悟者的心，在經過數千年上百萬人誦念之後，能量得到了強化。咒語的效力並非取決於我們對字義是否了解，而在於誦念（出聲或不出聲）時對其音聲的專注。

　　觀音的咒語，「唵 嘛呢 唄美 吽」，表現了每個人內在慈悲的純淨能量。「唵」象徵我們所希望達到的證悟狀態；「嘛呢」的意思是珠寶，象徵悲憫、慈愛和菩提心；「唄美」的意思是蓮花，象徵智慧；「吽」則指出不可分割的意思。因此，這些音節合在一起的意思是，我們若能同時（也就是不分開）修練慈悲與智慧，便可轉化自己而得到證悟，並利益眾生。

　　禪修或從事日常活動時，都可誦念「唵 嘛呢 唄美 吽」，如此不僅可喚醒自身的慈悲，且因與數以百萬計的人同做誦念，還可增加世間平和與愛的能量。不論如何，專心誦念慈悲的咒語至少能幫助我們的心保持警醒而正向，而非散亂而負向。

　　此項修練結合了生起慈悲心的分析式禪修，以及觀想觀音形象和念咒的止的禪修。

## 練習的方式

**動機**　放鬆身心，覺察當下，留意呼吸。檢視你的念頭和感受，心生起進行此項禪修的正面動機。

想像自己身邊坐滿了眾生，一直綿延到天際，到處都是。若要想像這麼多眾生有困難，只需盡力想，不宜勉強。父母及家人都在你身旁，朋友在你背後，處不來的人在面前，其餘的人則分佈各處。

仔細思量這些人與眾生所受的苦。首先是父母和親近的人，想想他們的苦，敞開心胸去感受他們所體驗到的身心問題，同時想著：他們就像你一樣，也想擺脫所有的苦。感受一下，他們若能自苦中解脫，並享受證悟的祥和與喜樂，該有多好。

接著，想想你不喜歡或傷害過你的人，想像他們所受的苦：肉體的疼痛與不適，孤單的感覺，覺得不安全，害怕，慾求不滿。就像你一樣，他們也不想遭遇問題，卻還是背負著：只要心仍混亂，對實相仍無知，便無法得到平安。敞開你的胸懷，接受這些平日覺得厭煩或氣憤的人。

將你的覺知力延伸出去，把別人和動物所遇到的麻煩與痛苦收納進來；不論是誰，只要還未能掌握自心，便必然受苦。

但可別被這些苦給淹沒了！要記得，苦痛、不快樂不過是心靈上的體驗，並非長久不變的。這些體驗都源自誤解及混亂的情緒，只要肇因被消除了，就會消失無蹤。我們要做的就是花功夫在自心上，處理自身所抱持的錯誤概念和負面能量，並對事物實

際存在的道理漸漸培養正確的理解。

你必須熱切希望做這些事，如此才能助人離苦。

現在就來觀想觀音，這位代表純淨無礙的悲憫、慈愛和智慧之化身，位於你的頭上，與你面向同一方向。他的身體由白光構成，透明閃亮。試著覺知到觀音真實的與你同在。

觀音的面容安詳，帶著微笑，將愛發散向你和周遭眾生。他有四隻手臂：前兩隻手掌放在胸口，一起握著一顆可讓所有願望實現的寶石（如意寶）；第二對手掌舉到肩膀高度，右手握著水晶念珠，左手持著一朵白蓮花。他坐在白色月輪上，月輪下方是一朵綻放的蓮花，雙腿交疊趺坐。身上穿著精緻絲衣，並戴著珍貴寶石。

保持覺知在這觀想的形象上，直到穩定為止。保持輕鬆舒適，接受觀音祥和而帶著慈愛的能量。

現在，衷心地祈禱自己能克服錯誤概念和負面能量，培養對所有眾生純淨的慈愛與悲憫。要感受到與自己的真實本性（即最高潛能）正相連著。

對於你的請求，觀音帶著愛意發射出一道道白光，讓你身體的每個細胞和原子都充滿了光。光滌淨你的負面能量和問題，以及做過的傷害行為和未來可能造成的傷害，並以無盡的愛和慈悲充滿於你。你的身體覺得輕盈而喜樂，內心感到安詳而清明。

觀音的光也向外發散到所有眾生身上，滌淨他們的負面能量，讓他們充滿喜樂。

接著，在專心觀想的同時，誦念咒語「唵 嘛呢 唄美 吽」，

先大聲念一會兒，然後便不出聲的默念，隨你喜歡念多久都可以。

誦念結束後，想像觀音化成白光，經由你的頭頂流入體內，到達心輪中央的位置。你的心識與觀音的心識合而為一，感受到全然的安詳與喜樂。

盡可能持續保有這種感覺。若平日所感受到的「我」開始出現，也就是覺得無聊、不安、飢渴之類的我，想著這個「我」並非真正的我，只需一再將注意力放回那與觀音的心之特質（無盡的慈悲）合而為一的體驗上就好。

迴向　　最後，將做此禪修所得的正面能量迴向給一切眾生，希望他們快樂。（另有一種觀音禪修法，請看第 242 頁。）

# 拙火禪修法

這種禪修法是金剛乘特別有力的方法，能夠讓人善巧汲取內在喜樂的心靈能量。

我們的心與細緻的神經系統間有著密切關係。心靈能量是經由數千條細小透明的微通道所組成的「心靈－神經系統」流到全身，其中最主要的通道（即中脈、右脈、左脈三條）平行於脊柱，位於脊柱前方。心靈的純淨能量只能在中脈裡運行，而混亂的能量則流竄於其他通道中。

目前的我們，中脈仍被糾結的負面能量，如憤怒、妒忌、慾念、傲慢等，阻擋在相當於脊椎底部、肚臍、胸口、喉部、頭頂等部位之處，這些位置叫脈輪。當混亂的能量活動時，甚至連心的純淨能量也會受阻而無法作用。舉例來說，回想受強烈慾念驅使或暴怒時，身心會繃得很緊，內心根本無法平靜和清明。

拙火禪修在轉化這股有力的能量，以及培養對身、語、意三方面所有行為的自發掌握力上，都是絕佳的方法。若一味壓抑執著、憤怒及其他情緒，並不能加以消除，反而會惡化。解決之道就是實實在在的把這種能量（本質上並無好壞），轉化成通暢的喜樂能量。

在熟練了此項禪修後，會發現自己確實可以無須倚賴外物就得到快樂滿足──對多數人而言，是無法想像的。

此項修練也有助於培養專一注意力。不滿足的心常不受控

制，四處遊走，被心靈通道中的混亂能量隨處吹送；但如果我們的體驗夠喜樂、愉悅、專心，心便不會到處遊走了。

## 練習的方式

**動機**　舒服坐在禪修的地方，升起進行此項拙火修練正面而強烈的動機。下決心在整個禪修過程中，讓自心保持放鬆、專注、沒有任何期待。

首先，把中脈觀想成透明中空的管子，口徑約是手指寬度。中脈上下貫穿身體中央，從頭頂到尾椎底部，位於脊柱前方。

再來則觀想右脈與左脈，略細於中脈，分別從右邊與左邊鼻孔開始，往上達於頭頂，再往下彎，於中脈兩側一路下行；並於肚臍下方約四指寬處向內彎，與中脈相接。

觀想這個畫面所需的時間，無須自我設限。待畫面穩定後，想像肚臍高度的中脈內有個小種子般大的火紅餘燼。也可想像從火中取出一枚仍在燃燒的餘燼，放入你的中脈裡，以強化觀想的形象。放好之後，要真正感受到燃燒的強熱。

現在，為了增加熱度，可以緩緩收縮骨盆底部的肌肉，焦點要集中在內部的肌肉上，而非外部，這樣可以把氣的能量從最下面的脈輪向上送至餘燼處。

接著，經由鼻孔緩緩做個深深吸入的動作。氣息經由鼻孔隨左右脈而下，直到肚臍下方而進入中脈。氣息與中脈的熱，以及來自下方的能量會合。

停止吸入動作的同時，立刻進行吞嚥的動作，並溫和地把橫

隔膜往下推，讓來自上方的能量因受到壓縮而緊實：將氣的能量從上下方完全卡緊。

現在，只要你還感到自在，就盡量持久的屏氣，完全專注在肚臍部位的餘燼上。由於氣的能量受到壓縮，此時的熱度愈來愈增高，並向外傳佈。

待你準備好之後，就放鬆肌肉，溫和而徹底的將氣呼出。雖然氣息是從鼻孔離開身體，但要觀想成是由中脈上行而消失。肚臍部位所燃燒的餘燼釋放出熱且持續升溫並向外傳送，開始把原先每個脈輪所受到的封鎖逐一燒盡，而頂輪所集合的銀色喜樂能量也得到了加溫。

不過，要始終把專注的焦點放在肚臍部位餘燼燃燒所產生的熱上。

一旦完成首次的呼氣時，再度拉緊下面的肌肉，再吸氣、吞嚥、橫隔膜往下推，以便再次擠壓氣息，讓熱度升高。屏氣、專注在那熱上，然後再呼氣，並從中脈往上釋放氣息。

有規律的重複整個週期七次，每次吸氣時都使熱度升高。

第七次呼氣時，想像那火熱的餘燼爆裂成火焰，由中脈向上竄升，讓每個脈輪的混亂能量都被完全吞噬，得到淨化。火焰最終消散於頭頂，釋放出銀色喜樂的能量，這些能量順著已滌淨的中脈流下，通過脈輪時帶來更舒服的感受。最後，當能量與臍輪的火會合時，便爆發出強烈的喜樂感。這一股喜樂的熱流彌漫到每個原子和細胞中，充滿全身，讓你心生歡喜。

讓自己專注於這愉悅的體驗中，沒有緊張，不要期待，也別

緊抓著這體驗不放或予以分析。只管輕鬆享受。

你會注意到，不管有多麼愉悅，身心都是平靜而自制的，這跟平日肉體的歡愉經驗不同；後者發生時，我們的心會興奮而不受控制。

若你的心游移開來去注意其他對象——過去或將來、執著或厭惡的對象，那麼，就把注意力放在思考的主體上，也就是那顆注意分神事物的心，那思考者上。注意看著這個主體，直到分心的念頭消失後，再專注於喜樂的感受上。

分析感受：待思慮清晰後，可以此經驗作為發掘自心本性的對象。先專注於感受，融入其中一段時間之後，深思以下問題並加以分析。這個過程要花多少時間，隨你喜歡。

> 這種感覺是長久不變的，還是無常的？怎麼會如此？原因何在？
>
> 這種感覺是喜樂，還是痛苦？怎麼會如此？原因何在？
>
> 這種感覺與神經系統和心是否有關？怎麼會如此？原因何在？
>
> 這種感覺是否本來就有，自行出現，無須倚賴其他事物？怎麼會如此？原因何在？
>
> 從各種角度來檢視每一點。

　　**迴向**　　禪修結束時，整理出結論，然後把禪修所得的正面能量和洞見迴向給自己，希望能爲所有衆生速速得證。

# 6

## 祈請文和其他
## 虔誠修行法

# 如何培養虔誠心？

## 信心

　　提到虔誠，有些人會覺得不自在，因為他們將虔誠視同盲信和愚蠢的服從。但恰當的虔誠卻非如是。事實上，虔誠是極為正面的態度：獻身於自己的家人、朋友或工作，代表著愛、關懷與責任。依照這個定義來看，則表示要我們超越平日狹猛而自我中心的想法和掛念的事物，為別人奉獻精神。

　　以宗教或精神修持的層面來看，虔誠包含了信心。佛教的信心是心的正面狀態，被解釋為清明、信念和追求的熱望，針對的是實際存在的（而非想像）、有優勢品質和能力的人或事。信心有三種：一種是看出和欣賞某人或某物的美好特質；另一種是熱切希望能擁有這些特質；第三種則是在研究及深思某人（如佛陀）的教誨後所生的信念。第三種信心深具理性且穩定，是最好的，據說還是所有快樂與良善的源頭。

　　當然，我們的信心和虔誠若沒有良好的基石，或者對象不可靠的話，只會帶來失望，讓人心生疑慮怨懟。但若信心是基於清明正確的理解，且對象不會令人失望時，則所經歷到的體驗將十分豐富，收穫也會很多。

## 皈依

　　佛教中的虔誠與皈依有關，是邁向解脫與證悟之道的第一步。皈依指的是依靠或轉向於某對象，以得到指引與幫助。以平常的意思看，求助於友人是有賴他們的關愛或求得自身安全上的保護，而飢餓和無聊時則需要依賴食物和娛樂等等。但此種外在的皈依或依賴對象只能暫時滿足我們的需要，因爲他們以及所附帶的快樂都是無常且不可靠的。

　　另一方面，佛教的皈依指的則是將每個人內在所潛藏的無限能力加以發掘和利用。這有兩個面向：外在與內在。外在的皈依是指重視三寶（佛、法、僧）且依靠三寶。

　　「**佛**」有二個面向，一是證悟的境界，也就是淨除所有負面特質及圓滿所有正面特質；另一是得證者。皈依佛指的是，我們敞開心胸接受這些證悟者所給予的愛與智慧，以及他們在精神修持道路上的引導。

　　「**法**」是指智慧，也就是證悟之道漸次階段中所含的領悟。梵文 *dharma* 的字面意義是「守住」，包括所有可以守住或保護我們、讓我們擺脫問題的方法。佛陀的教誨稱爲佛法，是因爲這些教誨都是來自他在消除心中困惑與負面能量的過程中親身的體驗。皈依法表示修行已教給我們的方法，希望能喚醒自己內心那每一個證悟者已得的智慧。

　　「**僧**」指的是性靈團體，也就是具有智慧、能給予啓發和支持的人。佛和法提供我們修行的基礎，僧則提供我們必要的幫

助，讓修行能發生實效。舉例來說，跟心意相通的友人談話可解答問題並解決難處；一起禪修，能夠讓我們獲得支持與鼓勵；禪修的團體是個祥和的避風港，讓我們暫時脫離城市生活的種種瘋狂。僧的庇護便是指敬重這樣的友人，從他們那裡獲得幫助。

內在的皈依是指皈依我們的究竟潛能。前面所提的三種皈依都有內在的對應：內在的佛就是潛藏在每一個（毫無例外）有情眾生心中的證悟種子；內在的法就是能夠分辨真偽的天生智慧；內在的僧則是我們所能給予別人的引導與啟發。身為人，我們都擁有能開發出無限的慈愛、悲憫和智慧，且擺脫所有負面能量的潛能；也就是說，我們都能臻於佛的境界。

我們總對自己不滿意，很難對自己的潛能生出信心，以致常要尋求外在事物的庇護。只要想像一下，一天之中或甚至一個鐘頭內，我們若完全孤獨一人，沒有被別人、書本、電視及任何外在事物所佔據，那種無聊、不安，以及我們的心會耍的花樣。我們無法想像活在沒有感官刺激的世界（外在世界）會是什麼樣子；然而，想要只依賴自身內在的資源，並在任何狀況下都能全然滿足和快樂，的確有可能做到。外在皈依物正可喚醒我們正視這些資源——內在的佛、法、僧。倘若能看到這個真實存在的潛能，並加以培養，便是為皈依尋得真義了。

尋求皈依是精神修持之路上基本的一步，而虔誠是其主要成分，因此，態度上不應渾渾噩噩，也不宜情緒化，而應健康、明智，對於佛、法、僧的真義及他們能為我們做些什麼有清楚的認

識。當我們走在內在覺醒的道路上時，確實需要幫助，但對於所遇到老師的資格及傳授方法的效用也需仔細確認，不要因為對某人有了不錯的觸動或個性上的吸引力，就跟隨此人的建議。這牽涉了必須對老師或方法有所認識，加以檢視、反省、測驗，同時具備誠實及眞心。這些都需花點時間，但確認我們所培養的信心是否恰當、有收穫而非白費力氣，是極爲重要的事。

若你並未感受到這種信念，可以瀏覽一下這一節就好；或者，如果你願意的話，也可以稍加嘗試所介紹的方法。

此處將盡力闡明這些修行方法的作用與心理影響，但若要品嚐眞實況味，只有在了解後帶著虔誠之心加以修行，才能獲得。

# 祈請文

不論做什麼事——爬山、寫作、做蛋糕，想要成功，都需做好準備工夫。禪修也是如此。想要順利的禪修，主要重點在於我們心的狀態，而要擁有合適的狀態，可以以了解和真誠來誦念祈請文，不論念出聲或在心裡默念皆可。

祈禱不應機械式地重複字句，應敞開心胸，好與我們的本性產生交流。文字可以提醒我們正在嘗試做到的事，並為祈禱的內涵催化出實現的促因。

## 開始禪修時所念的祈請文

### 1. 皈依及發菩提心文

諸佛、妙法、聖僧伽
直至菩提我皈依。
我行施等諸善根，
為利眾生願成佛。
（如是三回）

### 2. 四無量心

願諸有情具足樂及樂因；
願諸有情遠離苦及苦因；

願諸有情不離無苦之樂；
願諸有情遠離愛惡親疏住平等捨。

### 3. 皈依上師

上師為佛亦為法，
上師亦是僧伽者；
上師乃諸利樂源；
一切上師我皈依。
（如是三回）

### 4. 七支祈請文

我以身語意虔敬頂禮；
獻上實設、意變供養雲；
發露無始以來所造惡
隨喜聖者凡眾諸功德。
祈請住世直至輪迴止，
並請為利眾生轉法輪，
自他功德迴向大菩提。

### 5. 曼達供養文

嗡 班雜普彌 阿吽。
大自在金剛地基。
嗡 班雜芮克 阿吽。

外鐵圍山所繞，

中央須彌山王；

東勝身洲，

南瞻部洲，

西牛賀洲，

北俱盧洲，

身及勝身（東方中洲），拂及妙拂（南方中洲），詔及
勝道行（西方中洲），俱盧及俱盧月（南方中洲）。

（四大部洲中間為：）（東）眾寶山，（南）如意樹，
（西）滿欲牛，（北）自然稻。

（第一層為：）輪寶，珠寶，妃寶，臣寶，象寶，馬
寶，將軍寶，寶藏瓶。

（第二層為八位天女：）嬉女，鬘女，歌女，舞女，華
女，香女，燈女，塗女。

（第三層為：）日，月；眾寶傘，尊勝幢。

其中人天圓滿富樂，清淨愉悅無不具足。

如清淨剎以此奉獻，根本傳承諸勝恩師，

特別獻予宗喀巴尊，聖者之王，大金剛持，諸天眷屬。

為利輪迴一切眾生，祈請慈悲納受供養。

受已願能慈悲加持，我及虛空如母眾生。

### 外曼達供養短文

香塗地基妙花敷，
須彌四洲日月嚴：
觀為佛土以奉獻。
有情咸受清淨剎。

### 內曼達供養

我所愛、惡、不識者──友人、敵人、陌生人──
及我身、財、諸享樂；
不覺失落，盡獻出。
祈請欣喜而納受
加持我離於三毒。


依當 咕如 拉那 曼達拉康 尼呀他呀咪

*Idam guru ratna mandalakam niryatayami*

（我將此鑲著珠寶的曼達敬獻予您，如珍寶的上師。）


## 禪修結束時所說的祈請文

### 6. 迴向功德

以此善行諸功德
速證上師佛境地

引領眾生盡無餘，
得證菩提登佛果。

## 7. 菩提心願文

菩提心妙寶，
未生願令生，
已生令堅固，
已固令增長。

# 祈請文的說明

## 皈依及發菩提心

此祈請文表達出在證悟之道上研究或禪修時所能抱持的最正面而有益的想法。

祈請文的前半部談皈依，是尋求佛、法、僧（僧此處被稱為「聖眾」）引導與幫助的心態（參閱第 187 頁）。請記得尋求皈依有兩個面向：外與內。此外，對證悟種子潛藏於自心要有信心。

祈請文的後半部是發菩提心──決意證悟的心。基於對每個眾生純淨的慈愛與悲憫，一心為助人得證而獻身於成佛之道的修行，此一決心就是菩提心。

走上證悟之道的人──菩薩，要從事六種開發自心以臻於圓滿，也就是布施、持戒、忍辱、精進、禪定、般若。帶著助人得證的動機來修練這六種圓滿，可使證悟的種子獲得滋養，並在心中茁壯。每一項圓滿的開發和成長，會逐漸拭去我們的錯誤概念，讓看透實相的智慧找到立足之地。

不論做什麼事──禪修、吃飯、睡覺、工作，只要懷抱著菩提心，便自動有了促成證悟的功效。

皈依及發菩提心為我們的禪修帶來生命力及意義。每次禪修前，可以念誦祈請文三次，最好同時觀想佛陀出現在面前（參閱

第 206 頁），他代表了你想在內心培養之特質的化身。

## 四無量心

此祈請文中所說的四種心意，因為涵蓋了整個宇宙無盡的眾生，所以被稱為無量。第一項是「無量慈」：希望一切眾生快樂的心願。第二項為「無量悲」：希望一切眾生脫離受苦之境的心願。第三項為「無量喜」：希望一切眾生永遠同享究竟快樂的心願。第四項為「無量的平靜」（常譯作「捨」）：希望一切眾生脫離分別敵我的執著心和厭惡心。

每一行祈請文都可自成一項禪修法，真心的誦念會為我們產生促因，使我們培養對眾生的覺察力及關懷。

## 皈依上師

在我們之前已有無數眾生證得菩提，而這些佛都在積極的幫助眾生。他們要幫助我們最有效的方式，就是告訴我們得證所需的知識與方法。由於我們的愚昧，無法直接理解他們的意思，所以他們就藉助於性靈老師。我們若將自己的老師視同於諸佛，便可直接接觸到證悟的境界，並最終能真正得到證悟。此即所謂的上師瑜伽，在實踐證悟之道上是主要的修行方法。

在此祈請文中，我們將上師視同於三寶，同時也了解，若沒有上師，就沒有佛、法、僧，也就無法到達真正快樂之境了。

# 七支祈請文

　　智慧佛文殊菩薩曾在了悟的方法上給予宗喀巴建議。他說，要同時進行三種修練：(1)將上師視同於佛陀，誠心向他祈禱；(2)淨化心中的負面印記，並積累功德，即正面能量與洞見；(3)對於想要了解的主題進行禪修。在這三方面下功夫培養，可產生恰當的促因與條件，我們的心便可進入證悟之道的各個階段。

　　第二項修練：滌淨心中的負面印記，並積累正面能量與洞見，則可運用七支的修練以做到最好。正如身體需有四肢才完整，任何一種禪修也都要有七支才算完備。

　　每一支都可分別加以充分修練；但也都屬七支祈請文的一部分。

### 1. 禮拜

　　禮拜是一種表達對佛、法、僧的感謝與敬意的方式，在滌淨負面能量上十分有效，尤其是直接阻礙我們智慧成長的傲慢心。有三種禮拜方式：身、口、意。

　　以身體禮拜有各種方式。藏傳佛教徒的常見做法是：站著，雙手合十，依次碰觸頭頂、前額、喉部及胸口，然後以雙手雙膝趴下，前額觸地，再起身。

　　做整套的禮拜，對於滌淨負面能量較有效益：雙手合十，依次碰觸頭頂、前額、喉部及胸口，以雙手雙膝趴下，然後伸展全身貼地，臉朝下，兩臂往前伸直。（最好有人能為你示範，這樣較易了解正確做法。）

口的禮拜是要說出皈依對象的良善特質。

意的禮拜是指身和口禮拜三個皈依對象時，所伴隨的崇敬、信仰、信心。內心所抱持的態度正是修行精要之所在，且其深度及真誠決定了禮拜的力量。

## 2. 供養

我們送禮物給朋友，和他們分享愉快的事物時，都會覺得高興。從精神層面來看，我們也是將美麗的東西、正面的想法和行為、純然喜樂的體驗獻給皈依對象。供養是自私和執著的療方，也是積累正面能量（這對智慧的開發至關重要）的主要方法。

祈請文中所講的「實物供養」，是獻給皈依對象的實體供養（譬如，放在佛龕上的物品），而「想像的供養」則是我們觀想出來的。任何行為的精髓所在，以及決定該行為價值的，就是行為時心的狀態。簡單不起眼的東西可以被觀想成最好看、好聽、好吃、好聞、好摸的東西；這樣的供養具有極大的裨益。

據說曾有個少年心懷敬畏的把手中的沙想成黃金，獻給佛陀，由於此一供養的功德，少年後來投胎成為印度偉大的阿育王。

想像的供養隨時可做：任何我們所看到美麗宜人的物品，都可在心中供養給皈依對象，而供養的功德可以迴向給我們為了利益眾生而求的證悟上。藉由這種方式，我們可以在日常生活中不斷積累證悟的因。

### 3. 懺悔

正如「對業力的禪修」（第 90 頁）所說的，因誤解（執著、厭惡、困惑、妒忌、傲慢等）而起的身、語、意諸行，都是負面而非善巧的，會帶來更多的不幸，讓我們停留於輪迴的狀態中。然而，這些行為都是可以導正的，留在心中的印記也可經由懺悔來滌淨。

這項屬於內在過程的修練有四個步驟，也就是四種對抗的力量，而淨化的效果可經由修練此四步驟的真誠度及強度來估量。（要知道淨化修行的四步驟，請參閱第 102 頁及第 242 頁。）

**後悔的力量**　由於我們知道行為在將來會為自己和別人帶來苦痛，在認知到這些是負面或不善巧的行為後，則會心生後悔。後悔與罪惡感不同，罪惡感是帶有恐懼和焦慮的負面情緒；後悔則屬智性，是誠實看出行為的本質及結果。

**依靠的力量**　跌倒時撞到地面雖然會很痛，然而，我們仍需踩著地面才能起身。同樣的，我們所做的負面行為，多數都與三寶或其他眾生有關，也就需要依靠這些對象以避免行為所帶來的苦痛。所以，藉助佛、法、僧的庇護，再次發出菩提心，便可產生依靠的力量。非佛教徒的人，則可重建心中對所信奉對象或精神目標的信念，並發願要幫助他人，不傷害他人。

**補救的力量**　滌淨過程的第三步驟是以正面行為來進行修練，如供養、禮拜、誦念咒語、進行禪修；特別是「對空性的禪修」，可對治先前負面行為所產生的力量。

決心的力量　　最後一個步驟是下定決心不再做同樣的負面行爲。當然，某些行爲較容易避免再去做，有些則不然。若承諾不再殺生，還算頗爲實際；若要承諾不再發脾氣（舉例來說），則是過於苛求了。類以這種情況下，可以承諾一個鐘頭或一天之內不再犯，等學會更能控制自心後，再逐漸拉長時間。

當我們做任何探險時，決心都是至關重要的部分，在下功夫調伏自心這方面，更是如此。

### 4. 隨喜

能隨喜他人福祉，恰是妒忌及憎恨別人的成功或快樂強有力的療方。妒忌的心總是緊張而不快樂，也無法忍受別人的喜樂；歡喜的心則輕盈而開放，這種帶著愛意的反應，讓我們能夠與別人同樂，好處是立即的，更爲自己將來的快樂先建立了前因。

我們也隨喜快樂的因：爲眾生（聖眾及凡人）的正面行止，並祈願會有更多正行持續出現。我們隨時隨地都可感到歡喜，而不需在禪修時才做。這是最容易做到、也是最必要的修心方法。

### 5. 請求諸佛住世

儘管諸佛始終都在，且持續爲了幫助有情眾生而努力，但唯有當我們創造適當的因時，才能與他們連上線。要求諸佛留在世間引導我們，主要是爲了自身的好處：可淨化心中過去與上師及諸佛有關的負面行爲，並幫助我們敞開心胸，眞心感謝他們的幫助及啓發。請求諸佛留下也會爲我們產生長壽的因。

### 6. 請求諸佛轉法輪

要求諸佛教導我們證悟之道，可使我們加強對佛法的感激之情，從而對治對精神教法不敬的態度。尤其是這麼做也讓我們與在精神修持上能引導我們的老師永不相離，讓教法常在世間，打下基礎。

### 7. 迴向

每次在進行禪修或其他正行前，對自己的動機能有清楚的理解，極為重要；同樣重要的是，行為完成時，要把產生的功德，也就是好的能量及洞見迴向出去。迴向時，要回想開始時的動機，再次心生達成特定目標的熱望，並把功德送往這樣的方向。動機與迴向得以讓我們的正面能量不流失，並確保想要的結果能夠出現；否則，留在我們心中的正面印記有可能不夠牢固，一旦遇到憤怒或其他負面行為時，可能一下子就破壞了所做的正行。

最佳的迴向是，祈願我們剛完成的禪修或行為，成為我們為一切有情眾生而證悟的因。

## 供養曼達

曼達的供養是我們在心中把整個宇宙中的一切，轉化為純淨，然後獻給皈依的對象。做此練習的主要目的在於積累功德，這是因培養洞見和智慧時需要用到功德。

聆聽或研讀教誨，可在我們心中灑下種子，邁向證悟。這

些種子需要福德（強大的正面能量）給予滋養，才能成長茁壯並產生洞見與領悟。據說以曼達來供養，是提供滋養的最佳方式之一。還有立即的好處是：在心中如此施捨，是治療執著和吝嗇的解藥。

這個祈請文是依佛教的宇宙觀寫成的，須彌山是座位於宇宙中心位置的寶山，而四塊大陸則是人生的不同場域。你可以選擇符合東方人或西方人的宇宙觀來供獻曼達，重點只在於要奉獻一切——所有的生活圈和各個世界，以及所有我們喜愛的美麗事物。

觀想面前是整個宇宙的縮小版，並轉化為純潔的狀態，其中的環境及眾生皆完美，讓心感到平和且快樂；運用想像力，創造出一個讓人感到喜悅的樂園。

不純之物是執著、不耐、困惑的源頭；純潔之物則帶來清明正面的心境，包括能夠理解實相的智慧及大樂的感受。

將此純淨之地敬獻給皈依的對象，但不可抓住任何部分不放，同時生起你的禮物被人以愛意及最高的感謝之情接受了的覺受。

「內曼達」則增加了另一個面向。你先觀想那些讓你感到執著、厭惡、漠然的人與物，包括你的身體及私有物，並在觀想中將這些人與物轉化成曼達中的純潔之物，然後將他們奉獻給諸佛。由於已將所有東西給出去了，對人或物便不需抱著執著、不喜或忽略之情（三毒）了。

## 功德迴向及菩提心祈請文

請參閱第 197 頁「七支祈請文」條目下關於「迴向」的說明。

禪修或教學結束時，應將產生的功德導引到有價值的目標——證悟。誦念這兩個祈請文，可讓我們再次回想菩提心的動機：熱切希望能培養對所有眾生的慈愛與悲憫，並得證以幫助眾生。於是，我們的功德便迴向給了眾生，希望他們得到助益；這是我們所能做的最好奉獻。

# 菩提道次第禪修（略本）

此祈請文（譯註：即《菩提道次第攝頌》）為宗喀巴所作，涵蓋了證悟之道的各個階段；證悟之道是由釋迦牟尼佛所教導，由十一世紀的印度梵學家阿底峽尊者加以闡明。

諸善性本於恩師，正信虔敬是道基，
明白且要多用心，敬依於師祈加持。

僅此一回獲寶身，知此大義難再得，
晝夜恆思祈加持，無間生心取要義。

身命無常如水泡，勿忘速壞死相隨，
死後如影隨身來，相逐業果黑與白。
於此已生堅定念，始終留意祈加持，
絕棄一切負行止，百善加意必成就。

輪迴尋樂入苦門，眾樂易失不可倚，
知過則求解脫樂，心生大願祈加持。

由此淨意而引生，正念覺知不放逸，
教誨根本別解脫，至修能成祈加持。

如我墮入生死海，諸母浪人亦淪落，
而知修持菩提心，肩負度眾祈加持。

發心若不修三戒，可知無能證菩提，
清楚且發大精進，修菩薩戒祈加持。

心猿意馬皆平息，確然分析實相義，
速生心內祈加持，安住洞見合一道。

得修共道可成器，純淨能容祈加持，
幸運人入莊嚴門，乘中無上企剛乘。

彼時二種若成就，先得守戒三昧耶，
於此既已堅定信，守護誓戒祈加持。

既解重要二次第，又習精要金剛乘，
勤修無懈四瑜伽，能悟師言祈加持。

如此示道眾上師，修行學友咸久住，
所有內外窒礙障，全平皆息祈加持。

世世不離圓滿師，願能得享超卓法，
修畢次第得美質，速速證成金剛持。

# 觀想佛陀禪修法

　　「佛陀」這個名字是梵文，意思是「全然覺醒」，指的不僅是創立了後世所知諸佛法的釋迦牟尼（或喬達摩），也可指任何一位得證者。世上已有許多的證悟者，亦即已完全轉化自心，淨除所有負面能量，而臻於完整、圓滿的生命。不像我們，證悟者不被肉身暫時拘束著，也不再經歷死亡與再次投生，而是處於純然意識的狀態中，或以不同型態出現——夕陽、樂音、乞丐、老師，以將他們的智慧與愛傳達給平凡的眾生。證悟者是慈悲與智慧的本質，能量始終存在我們周遭。

　　每個眾生都擁有心識，所以都能成佛。心識的根本本性是純淨、清明、且不會被擾人的概念與情緒所蒙蔽——不像我們現在這樣。只要我們還認同混亂的心神狀態，時常有類似「我很生氣；我感到沮喪；我的問題實在很多」的感受，便是拒絕給自己改變的機會。

　　是的，我們的問題的確盤根錯節，根深柢固，但並非如我們所想的那樣真實。我們具有覺知到自己思考錯誤的智慧，也擁有給予和愛人的能力，因此要做的是認同並逐漸培養這些特質，直到自發而不費力的程度。得證並不容易，但做得到。在這個禪修法中，我們要觀想釋迦牟尼佛的形象，並誦念他的咒語。

　　兩千五百年前，釋迦牟尼佛誕生於北印度一個極為富有的家庭，是一位名叫悉達多的王子。自出生之後的二十九年中，他

都居住在王國內，無從看到人類現實面中令人不愉快的面向。不過，他終究還是遇上了：他看到一個生病的人、一位高齡的老者，還有一具屍體；這些經歷給了他深刻的觸動。後來，他又遇到一位遊方的修行者，這次的遭遇也頗具意義，因為這位修行者已不再掛心著平凡人生的種種，臻於平和安詳的境界。

悉達多王子了解到，自己的人生終究會死，並不擁有真實而長久的價值，於是決定離開家庭和家人，到森林中修行。經過多年的堅持和一心一意的努力，遭遇並克服了一個又一個難關後，終於達到證悟之境，也就是成佛，因而不再有任何的妄念和苦痛，同時熱切想要幫助別人也得證，他的慈悲廣大無邊。

當時的釋迦牟尼佛三十五歲，在人生所剩的四十五年當中，都用來解說了悟自心、處理問題、培養慈愛與悲憫的方法，也就是得證的方法。他的教法就像流水般，隨著聽者的需求、才質、個性而調整，以善巧的手法引導聽者，讓他們可以朝著對實相的究竟本質有所理解的方向前進。

佛陀的一生就是活生生的教材，向我們示範證悟的過程，而他的死則是對於無常的教誨。

若想發掘自己的佛性，那麼敞開心懷迎向外在的佛，會很有幫助。經過持續修行之後，便可讓我們逐漸褪去平日的自我形象，學會認同內在的智慧與慈悲：即自有的佛性。

## 練習的方式

**皈依與動機**　進行觀呼吸禪修一段時間，讓心平靜下來。

接著，深思皈依祈請文，心生菩提心以作為動機：

諸佛、妙法、聖僧伽
直至菩提我皈依。
我行施等諸善根，
為利眾生願成佛。
（如是三回）

對一切眾生所處的困境稍作回顧，以生發慈愛與悲憫——他們雖然希望能經歷到真正的快樂，但力有未逮；雖然祈求避開苦痛，仍持續遭遇。

然後，這麼想：「要幫助一切眾生，引領他們臻於圓滿祥和及快樂的證悟之境，我自己必須得證才行。為此目標，我進行這項禪修。」

**觀想佛陀**　　所觀想的形象的每個面向都是由光形成：透明、無實質、光芒四射。在你前額高度約六到八呎（1.8 至 2.4 公尺）之外有個金色大寶座，四角各由一對雪獅扛著。這些動物實際上是菩薩示現而成，有白色毛皮和綠鬃毛、綠尾巴。

寶座平面上是個以一朵盛開的大蓮花和兩個發亮的圓盤（代表太陽和月亮，上下相疊）所組成的座位。這三樣東西象徵了證悟之道上三項主要的領悟：蓮花代表出離；太陽代表空性；月亮代表菩提心。

坐在上頭的就是佛陀，他已獲得上述領悟，同時具體代表了

釋迦牟尼佛

所有的證悟者。佛陀的身軀散發著金黃色光芒，身上穿著橙黃色僧袍，袍衣並未觸身，約有一吋（2.5 公分）的空隙。他採取金剛坐（全蓮坐，趺坐）的姿態，右手掌放在右膝上，手指觸摸到代表月亮的座墊，表示具有強大的控制力；左手以禪修姿勢放在下襬，拿著一碗甘露，這是可以治癒混亂心神狀態和其他窒礙的藥水。

佛陀有張美麗的臉龐，帶著笑意和慈悲注視著你，也同時注視著每個眾生。你感受到佛陀的想法中毫無批判和挑剔的成分，而是以你現在的樣子來接受你。佛陀的眼睛細長，嘴唇如櫻桃般紅潤，耳垂很長，頭髮呈藍黑色，每根髮絲都各自向右纏繞，但並不互相纏結。佛陀的每一縷外形相貌都代表了全知的心所擁有的某項特質。

佛陀純淨身軀上的每個毛孔都放射出光線，遍及宇宙每個角落。這些光線實際上是由無數的迷你型佛陀組成，有些正要出去幫助眾生，有些則已完成工作，正要消解回到自己的身體中。

**淨化**　要感受到佛陀真實的呈現在面前，祈求他的庇護，並思維他所具備的圓滿特質。要記得，佛陀願意也能夠幫助你。你發自內心請求加持，助你淨除所有負面能量、錯誤觀念及其他問題，並祈求接收到證悟之道上的所有領悟。

你的請求立刻有了回應。由證悟之心散發出的白光，本質上具有滌淨的力量，這時從佛陀的胸口流洩而出，經由你的頭頂進入體內。就像一點亮燈，便立刻驅散屋子裡的黑暗那樣，這閃耀的白光一接觸到你的負面能量，也立刻將之驅散。

光流進來並完全充滿你身體的同時，誦念這首祈請文三次。

致吾上師、創教師，

世尊、如來、阿羅漢，

圓滿成就之覺者，

尊貴調御大丈夫、釋迦牟尼佛尊者，

向您頂禮與獻供，並祈求您能庇護。

請您賜我諸加持。

現在，請誦念佛陀的咒語：「達呀塔 唵 穆尼 穆尼 瑪哈 穆那 耶 梭哈」(*tadyatha om muni muni maha muniye svaha*)。大聲反覆誦念，也可以用唱的，如此至少七遍，然後再默唸幾分鐘。

念完時，要感受到所有的負面能量、問題、細微的昏沈狀態都被淨除，身體感覺歡喜而輕盈。專心在這種感覺上一段時間。

**接收啟發的力量** 觀想有一道金色光芒自佛陀的胸口向下射出，經由你的頭頂流入體內。這道光的本質，是由佛陀純然之身、語、意的卓越特質所構成。

佛陀可轉化成不同的形體（身），亦動亦靜，並依照個別眾生的需要和特別的心的狀態給予幫助。

佛陀的言詞（語）可將佛法的不同面向，以處於各種精神層次的眾生的語言來傳達，讓他們能夠了解。

佛陀全知的心（意）可清楚看到所有存在的原子，以及過去、現在、未來所有的事，還能覺知到每個眾生的想法：這是佛

陀每一刻的覺受。

這些無限美好的特質流至你體內每個部位。專心體驗此一喜樂的過程，並再次誦念咒語：「達呀塔 唵 穆尼 穆尼 瑪哈 穆那耶梭哈」。

誦念結束後，要感覺自己已接收了來自佛陀身、語、意的無限卓越特質，身體因而感到輕盈歡喜。專心在這種感受上一段時間。

**與觀想的形象融合**　現在，請觀想那八隻雪獅融入寶座中，寶座融入蓮花中，蓮花融入日與月中，日與月又分別融入佛陀，接著來到你的頭上，化爲光芒，沒入你的體內。

你平日的自我感，也就是覺得自己沒用、背負著過錯，以及其他錯誤的概念都消失得無影無蹤，刹那間，你在廣大無垠的虛空中與佛陀喜樂全知的心合而爲一了。

盡量持久的專心於此一體驗中，別因其他念頭而分了神。

**讓一切有情眾生得證**　再來，從這虛空狀態中，想像自己坐的地方出現了寶座、蓮花、太陽、月亮，而你是佛，坐在其上。所有東西都由光構成，正如你之前在自己前方所觀想的那樣。感覺自己即是佛陀，認同佛陀得證的智慧與慈悲，而非你平日不正確的自我看法。

你周遭的每個方位和所有空間都佈滿了眾生，想像他們同樣希望得到快樂和內心的平安，也想自所有問題中解脫，心中生起對他們的慈愛與悲憫。如今你已得證，可以幫助他們了。

你的胸口處有一朵蓮花和一輪明月。明月周圍以順時鐘方

向立著咒語的音節：「達呀塔 唵 穆尼 穆尼 瑪哈 穆尼耶 梭哈」。月亮的中心則是種子音節「姆嗯」（*mum*）。

觀想著光線（其實是你的智慧和慈悲）自每個字裡放射而出，向所有方位發散，遍及周遭無數有情眾生，將他們的昏沈境況與妄念完全滌盡，讓他們得到充分的啓發和力量。

想像的同時，再次誦念咒語：「達呀塔 嗡 穆尼 穆尼 瑪哈 穆那耶 梭哈」。

誦念結束時，請想著：「現在我已將有情眾生都帶到證悟之境，因此已實現這次禪修的目的。」

觀想周遭每個人如今都是佛身，體驗到完全的喜樂及空性智慧。

你無須憂慮這樣的禪修會是個幌子，覺得自己連讓一個人得到證悟的忙也沒幫到。這項修練是所謂「將未來的結果帶到目前所走的路上」，對於促進自身的證悟頗具力量，有助於我們對內在的圓滿（佛性）培養出堅定的信念：堅信總有一天，剛剛禪修時所做到的事都會實現。

迴向　結束禪修時，將所有做此禪修所得的正面能量與洞見，投入自己為了裨益眾生而終究得證的事業中。

## 咒語解說

達呀塔（*tadyatha*）：因此。

唵（*om*）：證悟的境界；諸佛身、語、意三方面的正面特質。

穆尼（*muni*）：能控制不幸的投胎及緊抓自我的無明。

穆尼（*muni*）：能控制輪迴的苦及自珍的態度。

瑪哈 穆那耶（*maha muniye*）：對細微的妄念及二元的思考方式有極大的控制力。

梭哈（*svaha*）：願我的心收到咒語的加持，融合且保有這些加持，願這些加持在我的內心堅定不移。

# 藥師佛禪修法

　　佛教極強調我們的心靈、身體、健康之間的關係。佛陀曾說，負面的心靈會導致疾病與不快樂，正面的心靈則會帶來健康與快樂。根據藏人的醫藥系統，同時也來自佛陀的教誨，心的三種「中毒」狀態──執著、憤怒、無明，是所有疾病的根源。

　　近代的西方醫師與科學家已確認了這一點。研究顯示，焦慮、沮喪、憤怒和敵意等情緒所產生的壓力，在使人罹患重症的平均風險上增為兩倍。此外，許多醫師和心理學家也發現，癌症的源頭在於負面態度，可以心生正面態度來治癒。

　　佛教提供了數種精神方面的方法，可與藥物或其他治癒方式一同使用來治病，包括：符合道德地過日子，做禪修以降低壓力，對混亂的情緒（如憤怒、恐懼、沮喪）下功夫。還有數種具有治療功能的修行法，必須觀想佛的形象及誦念相應的咒語。藥師佛（又稱為大醫王佛）修行法，是這些方法當中最廣為人知也最有效的其中一種。

　　當藥師佛還走在證悟之道上時，曾發下一系列誓願，要幫助如我們這樣處於艱難時代（妄念、社會問題、戰爭、自然災害、心靈及肉體疾病等方面的狀況都愈來愈多）的有情眾生。生病、昏迷、臨終的人若做藥師佛修行，會特別有益處。不過這個方法對淨除障礙也有效果，可讓我們所努力的事（不論是性靈上或俗世的）較易有成就。

這項修行可為自己做，也可以為生病或需要幫助的人做；若是後者的情況，則需觀想藥師佛在那個人頂上。

## 練習的方式

舒服的坐著，背部端正。花幾分鐘專注在呼吸上，讓心平靜下來，棄捨所有念頭……

**動機**　心生做此練習的正面動機。梭巴仁波切說，若能帶著利他動機從事療癒的修行，效果最好。想要有這樣的動機，可以這麼想：「我做這項修練是要幫助一切眾生脫離如生病之類的苦痛及苦之因：妄念與業障。」

**觀想**　觀想藥師佛現身在自己頂上幾吋的地方，坐在月形輪上，這輪位於一朵綻放的蓮花中央。藥師佛盤起雙腿成趺坐，和你面向同一個方位。他的身軀由明亮的深藍光所構成，是琉璃的顏色。你所觀想出來的形象，每一面都是由光組成，同時散發著光芒。藥師佛的右手置於右膝上，呈現施予最高證悟的姿態，拇指與食指夾著一枝訶梨勒（訶子）枝。放在下襬的左手成入定姿態，握著一個琉璃碗，內盛甘露。他披著黃色僧侶袈裟，帶著全然證悟的佛所擁有的徵記，面容安詳微笑，帶著悲憫與慈愛注視宇宙一切眾生。

花點時間讓自己沈浸在觀想藥師佛中，知道他是所有證悟者與他們所具備之莊嚴特質的化身，感受那發自他身上的祥和與慈悲。

若你想要的話，可誦念以下的祈請文，以生起對藥師佛的虔

藥師佛

敬心，並發願成佛以利益眾生。

### 皈依及發菩提心

諸佛、妙法、聖僧伽

直至菩提我皈依。

我行施等諸善根，

為利眾生願成佛。

（如是三回）

### 四無量心

願諸有情具足樂及樂因；

願諸有情遠離苦及苦因；

願諸有情不離無苦之樂；

願諸有情遠離愛惡親疏住平等捨。

### 藥師佛祈請文

世尊、如來、阿羅漢、圓覺佛

醫王善逝，琉璃光如來，

我向您禮拜，祈求皈依，獻出供養。

願您助益有情眾生之誓言，此刻為我與眾生實現。

（如是七次）

接著，觀想無數的閃耀白光自藥師佛的胸口與身軀流下，充

滿你的身體，滌淨所有因靈界和咒術而肇致的病痛與苦惱，以及
這些問題的因：你的負業、妄念、昏沈的心神，所有這些負面種
種都轉化成濃稠的黑色汁液，就像引擎的黑油，離開了身體。如
今，你的身體如水晶般清澈明淨。你也可以想像所有眾生都以相
同的方式受到滌淨。

**誦念咒語**　　在觀想的同時，誦念如下藥師佛咒語：

*tadyatha om bhaishajye bhaishajye maha bhaishajye*
*raja samudgate svaha*

（藏語發音如：迭呀塔　唵　北康杰　北康杰　瑪哈　北康杰
拉加　灑木嘎貼　梭哈）


　　然後再次誦念咒語，次數依你所願，並觀想發自藥師佛的光
再次了充滿你的身體，帶來證悟之道的所有領悟及佛菩薩的一切
特質。想像同樣的事情也發生在所有眾生身上。要覺知到你與所
有眾生都真正接收到這些超卓的特質：藥師佛的加持與啟發。

　　**融合**　　最後，觀想藥師佛化為光芒，融入你的胸口，你的
心識與諸佛證悟的心識合而為一。在這全然清明、祥和且毫無平
日忙亂想法、概念的狀態下，讓你的心休息一會兒。請感受到這
才是你的真性……

　　**迴向**　　結束時，迴向禪修所得的功德，或說正面能量，祈
願可替一切有情眾生帶來身體與心靈上的真正健康，也祈願最終
可促成他們得證。如果你想的話，也可以同時誦念以下的迴向祈

請文：

願我藉此功德

速達藥師佛之境界，

並引領一切眾生，無一例外，

臻於證悟。


菩提心妙寶，

未生願令生，

已生令堅固，

已固令增長。


## 咒語解說

達呀塔（*tadyatha*）：因此。

唵（*om*）：證悟的境界：諸佛身、語、意三方面的正面特質。

北康杰（*bhaishajye*）：醫藥；療癒；消除痛苦。此處指的是療癒我們肉體及心靈上的苦痛。

北康杰（*bhaishajye*）：療癒。此處指的是療癒對苦之因（妄念與業）所帶來的苦痛。

瑪哈 北康杰（*maha bhaishajye*）：大療癒。指的是將混亂想法和情緒所留下的細微印記也療癒了。

拉加（*raja*）：國王。

灑木嘎貼（*samudgate*）：殊勝（無上）。

梭哈（*svaha*）：願我的心接收到咒語的加持，融合且保有這些加持，願這些加持在我的內心生根。

# 修心八頌的禪修法

善心、好心、內心的暖意是最重要的。你若沒有這樣的好心腸，便沒法好好過日子，沒法快樂，而家人、孩子、鄰居也跟著沒法快樂。然後，從這國到那國，從這片土地到那片土地，大家的心也變得擾動不安、不快樂。

但你若有好的態度、良善的心、好的心地，相反的情況就會出現。所以，在人的社會裡，最重要的就是慈愛、悲憫、仁善；這些真的很寶貴。

要下功夫培養善良美好的心腸，這很值得做。

—— 法王第十四世達賴喇嘛

擁有好心腸意味著心中有慈（希望別人快樂）和悲（希望別人不受苦）。這樣來思考事情，會讓自身與別人都得到快樂。雖然我們都知道這點，但要做到為什麼這麼困難？

主要的障礙在於我們總是習慣先想到自己，也就是一種「愛自己」的心態。大部分時間裡，我們總想著怎麼做可以讓自己快樂適意，如何滿足自己的慾望，並時時掛念自身的問題；偶爾才會找出精神力氣和餘暇敞開心胸，看到別人的需要。

正是由於「愛自己」的心態，我們拿走最大塊的蛋糕，或挑房間裡最舒適的椅子坐；排隊時往前推擠，或以馬路上似乎只有

自己這輛車的方式開車；我們做想做的，卻沒有考慮到對別人可能產生的影響。愛自己也以較難察覺的方式在運作，因而造成我們的惱怒、傲慢、妒忌、焦慮、沮喪。事實上，我們每次覺得不快樂或不自在，都是因為過於在乎自己所致。我們認為除非照顧好自己，否則不會快樂。事實上，相反的情況才是成立的。「自我」的胃口永遠不會滿足；而滿足「自我」願望的工作也永無結束之時。不論擁有多少，「自我」仍會無休止的長大，需索得更多。我們永遠也不會遇到自己覺得已獲得最終滿足，然後說「夠了」的時候。相反的，若能轉化自心，想想別人，把別人的需要及慾求放在前面，我們將得到平安。從真正珍愛別人的過程中，會產生一種祥和。若能以最不打擾別人的方式來行事，我們的自我便會逐漸變得溫順，生活與關係都會出現新的層次與面貌。

　　但珍愛別人卻不應基於不喜歡自己的心理，也不該壓抑自己的感受；而是要慢慢的培養並覺察到，正如我們一樣，每個人都需要愛，都想要快樂；看出宇宙眾生都是大家庭的一份子，彼此相依，沒有外人；看出愛自己會帶來問題，愛別人則帶來安心。

　　要培養廣大的慈愛和悲憫並不容易，但只要能開始嘗試，在生活中便會看到改變。我們要堅持不懈，同時也要善待自己。有時可能會覺得自己沒有什麼長進，這只是因為當我們做事更憑良心後，會隨時更加留意自心中所發生的事。要記得，想克服這大半輩子（事實上是好多輩子）所建立起來的習性，需要時間和努力。

　　藏傳佛教有許多修行法可用來改善我們對待別人的態度。這

個禪修是屬於改變想法的教法和修行（在第 132 頁施受法禪修中有討論過），主要是將珍愛自己的心態轉化爲珍愛別人，最終目標則是培養菩提心，也就是爲一切眾生而熱切想要得證的心。

這項修行法是由梭巴仁波切所作，結合了觀音（悲心之佛）禪修和八首韻文組成的禱詞，後者含有修心的要義，是十一世紀禪修大師朗日‧唐巴（Langri Tangpa）所寫。

## 練習的方式

**動機**　以安靜放鬆的心，舒服的坐著，爲進行此次禪修心生正向而強烈的動機，然後思索菩提道的要點（第 204 頁）或以下文字：

> 只保證自己此生及來生能避免苦痛並不夠。
>
> 要完全脫離輪迴（無盡的死亡與重生）才成。
>
> 但即使這樣也還不夠。我如何能將其他眾生都丟下不管而得解脫之樂？每個有情眾生都曾是我的母親，不是只有一次，而是在許多前世，且每位都如我今世的母親一般照顧我。（想想你今世的母親對你的和善，從出生以來為你所作的一切。而眾生也都曾如此和善待你。）
>
> 我曾依賴他們才能經歷到一切的快樂。還有我所吃的食物、穿的衣物、讀的書、住的地方；所有的音樂、電影、其他享受，也都是因為別人的善心我才得到。

　　　　　如今，這些和善的有情眾生正遭受苦痛，且因著無
明造出了未來悲慘境遇的原因。


　　想想你認識的人，如親人、朋友、鄰居所過的人生，他們
正面臨哪些身體及精神上的問題？如你一樣，他們也不願遇到問
題和苦痛；如你一般，他們也想要獲得快樂及內心平安。但他們
是否有解決的方法？有辦法得到所要的快樂而避開不想要的苦痛
嗎？

　　下定決心肩負起讓眾生脫離苦痛、引領他們得到證悟之樂的
責任。但要做到這點，自己需先得證。

　　證悟也需要促因和條件的配合。最主要的促因就是擁有慈愛
和悲憫的菩提心。

　　因此，我要修練深切的菩提心教法。


　　**觀想**　　觀想悲心之佛觀音（參閱第 175 頁的圖片）出現在
大約你前額的高度，一人身長的距離之外。你若有精神老師，那
麼就把觀音想成是代表他，並且與他合而為一。

　　他的身體由白光構成，散發著彩虹般的五色光：白、紅、
藍、綠、黃，帶著溫柔微笑著，以充滿慈悲的眼神注視著你和眾
生。

　　他有四隻手臂。前兩隻的手掌放在胸口，握著一顆可實現眾
生所有願望的寶石（如意寶）。另一隻右手握著水晶念珠，另一
隻左手持著一朵白蓮花。他以跏趺坐的姿勢坐在一朵蓮花和月輪

上，周身環繞滿月的光暈。

　　他穿著細緻絲綢，戴著寶石飾物，羚羊的皮毛覆蓋在左肩和左胸，整個形象閃耀著光芒。

　　（以下祈請文的說明，請參閱第 195 頁）

### 七支祈請文

　　我以身語意虔敬頂禮；
　　獻上實設、意變供養雲；
　　發露無始以來所造惡
　　隨喜聖者凡眾諸功德。
　　祈請住世直至輪迴止，
　　並請為利眾生轉法輪，
　　自他功德迴向大菩提。

### 供養曼達

　　香塗地基妙花敷，
　　須彌四洲日月嚴：
　　觀為佛土以奉獻。
　　有情咸受清淨剎。

## 祈請文

願上師長壽。

願遍佈各處、無窮空間中的眾生都能快樂與安適。

願我與眾生，無一例外，都累積功德、

滌淨所有障礙，速速得證。

珍貴的上師，請加持我，使我的心成為法，

讓佛法成為道，

道上不會出現阻礙，

所有錯的概念停止

並即刻得到寶貴的二菩提心。


依當 咕如 拉那 曼達拉康 尼呀他呀咪

（*Idam guru ratna mandalakam niryatayami*）

（我將此鑲著珠寶的曼達敬獻予您，如珍寶的上師。）


觀音聽到你的祈求極為歡喜，由蓮花和月輪構成的座位降下到你的頭頂。


## 修心八頌

誦念各偈時，要用心在其意義上。每一首偈要花多少時間則隨意。

在觀想每首偈時，可想像一股令人喜樂的白色甘露自觀音胸

口的「啥」音節中湧出，從你的頭頂流進體內，將你完全充滿，並滌淨所有負面種種及障礙，帶來所有領悟——特別是那些你正在深思的偈詞所提到的障礙與領悟。

1. 我於一切有情眾，視之尤勝如意寶，
   願成滿彼究竟利，恆常心懷珍愛情。

眾生寶貴，因為若沒有他們，我們便沒有機會培養寬容、愛心、耐心和其他利他特質，或者克服自私心態。

觀音的甘露將愛自己的想法滌淨了（這想法曾讓我無法更珍視別人），並讓我領悟到要珍視他人甚於自己。

2. 隨處與誰為伴時，視己較諸眾卑劣，
   從心深處思利他，恆常導他為最上。

以此來對治挑剔和批評別人毛病的習慣，頗具威力。我們還應持續找出他們的良好特質及才能，並想想自己的缺點與過失。

甘露滌淨了傲慢和自珍的習氣，讓我領悟到菩提心，而視他人為最珍貴與最上人。

3. 一舉一動觀自心，正當煩惱初萌生，
   危害自與他人時，願疾呵斥令消除。

此節頌文強調了全然專注的重要性。一天當中，不論做什麼事——工作、談話、看電視、禪修，都應對自心的情況隨時保持覺察，一旦出現負面的想法，如憤怒、妒忌、傲慢，便應該留意，盡快處理。我們若不這樣修練，妄念便會繼續留在心中，並逐漸轉強，進而玷染了每一次的感受及覺察。

我原本不能正視及處理未得控制的念頭，但甘露滌淨了這些障礙，讓我領悟到菩提心及空性的智慧，進而澆熄了這些想法。

4. 秉性邪惡諸有情，恆為猛烈罪苦迫，
　　見時如遇大寶藏，願恆惜此大寶藏。

對於和善、性情好的人，要懷抱止面感受並不難；只有遇到有許多負面能量的人時，才真正考驗我們的愛心。這些人給我們機會得以看到自己到底有多強韌的耐心與慈悲（以精神修行的進程來看，也讓我們更腳踏實地），因此應該將他們視為稀罕而寶貴的禮物。

原本自珍的想法使我不能把有傷害性的人視為珍貴及親愛的人，但甘露滌淨了這些想法並讓我領悟到菩提心，而能把有傷害性的人也視為親愛的人。

5. 他人出於嫉妒心，非理辱罵謗我等，
　　虧損失敗我取受，願將勝利奉獻他。

開始學習禪修

　　別人當面或在背後批評我們時，不應憤怒地為自己辯護或以牙還牙。相反的，我們應記得，自己的任何一次不好經歷都是過往行為的自然結果——我們應可想像自己過去多次批評別人的情形。

　　可以試著跟抱怨的人談一談，不過不要帶著怒氣，而要懷著慈悲心，讓他們能冷靜下來，以正面方式思考；若他們不願講理，我們便應放手，接受情勢。不論如何，帶著開放的心胸來傾聽批評是件好事，因為這些話通常是正確的，而且至少能讓我們多了解自己一些。

　　原本自珍的想法使我不願接受挫敗、讓別人贏，但甘露滌淨了這些想法且讓我領悟而能做到。


6. 吾昔饒益助某人，且曾深心寄厚望，
　　彼雖非理妄加害，願祝彼為善知識。


　　我們生命中所發生的每件好事或壞事，都是過往行為的結果，因此並沒有「不應有的傷害」這回事。這樣的概念或許讓人難以接受，尤其是當傷害來自我們曾幫助過的人，而至少期待此人懷有感激之情時。若熟悉因果法則，便會有不同的看法——我們必然曾造下要受傷害的因。同時，我們若能了解培養耐心的重要，便會看到，傷人者給予在精神修持路上的我們一次寶貴的教訓。

　　原本自珍的想法使我不願看待傷人者為精神老師，但甘露滌

淨了這些想法，並讓我獲致菩薩的圓滿耐心而能做到。

7. 無論直接與間接，願獻利樂於慈母，
　　如母有情諸苦患，我願暗中自取受。

　　修心的要義在於把人我立場互調——以珍愛他人的心態來替代珍愛自己。我們通常都為了讓自己快樂及避開問題而行事，有時甚至不惜傷害別人；在此則剛好相反：我們熱切地希望能帶給別人快樂，承擔他們的問題，而不管自身的好處。這項禪修是內在的修行，目的是讓自己改變心態，因此屬於「私下」的修行，不是別人看得到的。

　　原本自珍的想法讓我不願承擔眾生的傷害行為及苦痛，而甘露滌淨了這些想法並讓我領悟到菩提心，而能將快樂送給眾生，並承擔他們的苦痛。

8. 願此一切我所行，不為八法念垢染，
　　以知諸法如幻智，無執離縛而解脫。

　　做事的動機若與俗世中的八種憂慮：執著享受、讚美、獲取、名聲，以及避免痛苦、罪名、損失、壞名聲有關，行為便無法符合佛法及精神上的要求。只要了解萬事萬物虛幻如夢的本質，便能自然的放手，比較不會緊抓住這些憂心的事不放。

　　此項修行的最終目標在於讓我們解脫無明、自珍及一切負面

能量，以便幫助他人也得此解脫。

　　原本自珍的想法及緊抓住自我的無明讓我無法看出一切事物皆是虛幻，而甘露滌淨了這些想法並讓我領悟了空性，再也不會被未受控制的心和業力所束縛。

　　**完成**　　請由內心深處發出以下請求。

我向您，大悲者，如是請求：
請伸出聖手，
帶領我和眾生，
在此生結束後到極樂淨土。
並在每一世都作我們精神上的友伴，
帶領我們速速得證。

　　觀音接受了你的請求，一道甘露自他的胸口流向你，塡滿了你的身與心，一切障礙、負面印記、疾病立即得以淨除，你的身軀變得如水晶般清明。接著，觀音化爲光，融入你身軀中。

　　想像自己和觀音已合而爲一，無法分辨何者爲你的身、語、意，何者爲觀音的身、語、意。你的周圍圍繞著一切有情。

　　**觀音咒語**　　現在，一邊誦念「唵 嘛呢 唄美 吽」的咒語，一邊觀想自你的胸口射出無數的光線，每條光線前端都有一尊微小的觀音，這些悲心之佛停留在眾有情的頭上，並以甘露滌淨他

們的負面種種和障礙。最後，這些觀音融入眾有情的體內，與眾
有情合而為一。

## 迴向

願所有眾有情的苦痛及其因
現在就於我身成熟，
願眾有情都接收到我的快樂及善德。

菩提心妙寶，
未生願令生，
已生令堅固，
已固令增長。

願我即便一刻也永不氣餒，
持續為他人修練菩薩行，
行事全不為己，
且行佛祖釋迦牟尼之殊勝行。

願我能藉這些功德，
速速臻於大悲者之境，
並帶領如母般、最崇高尊貴的一切有情眾生，
無一例外的，臻於證悟之境。

# 度母祈請文

　　爲什麼有些人做每件事幾乎都能成功，有些人卻總以失敗收場？我們會說那些成功的人「運氣好」，不過佛教則說他們過去造了成功的因，否則不會有今日的成功（參閱第 90 頁「對業力的禪修」）。

　　我們若想有幸運及滿意的事情降臨在自己頭上，則須造必要的因。這點對任何事來說都成立，不論創業、運動、精神修持，皆是如此。我們常發現，目標愈困難，阻礙愈大。要克服這些問題以獲致成功，有個有效的方法，就是向救度眾生的度母祈求。

　　度母代表了智慧、慈愛、悲憫，特別是代表了所有得證者的善巧事業。度母形象上的每個細節，都代表了證悟之道的不同面向：例如，綠色的身體象徵行動力。她的右手呈施予最高證悟的姿勢，左手則是給予庇護的姿勢，女身則證明不分男女都可得證。

　　這個修練需要重複誦念一首五行祈請文，這首祈請文是由《度母二十一頌》中摘選出的要義，內含度母的咒語「唵 達雷 嘟達雷 嘟雷 梭哈」；請參閱第 238 頁的說明。

　　這首五行祈請文的起源有個故事可說。十世紀時，待在西藏的阿底峽尊者的譯師生病了。阿底峽的弟子仲敦巴預言，若譯師誦念《度母二十一頌》一萬遍，則病可癒。但因病者太過虛弱，無法長時間誦念，於是能與度母直接溝通的阿底峽請求度母給予

二十一位度母

建議，度母便給他這首五行頌文，誦念一遍就相當於二十一頌念一遍。當譯師念誦完一萬遍後，很快便復原了。

這個修練法是由梭巴仁波切所編纂，可使我們敞開心胸，接受度母那極爲和善又具啓發性的能量。

## 練習的方式

觀想翠綠色的度母就在面前，坐在一朵蓮花及月輪上，代表著諸佛的全知、慈愛、悲憫，其本質爲光，不具實體，觸摸不著。她收著左腿，代表能完全控制慾念；伸著右腿，表示可隨時幫助眾生。左手放在胸口，呈給予庇護之姿：手掌向外，拇指與無名指相連，餘三指向上。右手放在右膝上，是施予最高證悟之姿：手掌向外，手指稍稍向下。兩手各握著一朵青蓮花的花梗，這種花是中脈不受阻礙的象徵。身上穿著美麗的絲綢，以寶石裝飾。她的臉上帶著笑意，散發著慈悲的光輝。

眾有情以人形現身四周：身後是你所親近的人，身前是你不喜歡的人，兩邊則是其餘的人。周遭所見皆是有情，大家跟著你一起誦念以下禱詞。

### 皈依及發菩提心文

諸佛、妙法、聖僧伽
直至菩提我皈依。
我行施等諸善根，
為利眾生願成佛。

（如是三回）

## 四無量心

願諸有情具足樂及樂因；

願諸有情遠離苦及苦因；

願諸有情不離無苦之樂；

願諸有情遠離愛惡親疏住平等捨。

## 七支祈請文

我以身語意虔敬頂禮；

獻上實設、意變供養雲；

發露無始以來所造惡

隨喜聖者凡眾諸功德。

祈請住世直至輪迴止，

並請為利眾生轉法輪，

自他功德迴向大菩提。

## 供養曼達

香塗地基妙花敷，

須彌四洲日月嚴：

觀為佛土以奉獻。

有情咸受清淨剎。

依當 咕如 拉那 曼達拉康 尼呀他呀咪

（ *Idam guru ratnu mandalakam niryatayami* ）

（我將此鑲著珠寶的曼達敬獻予您，如珍寶的上師。）

### 度母祈請文

現在，想一下你特別想要請求的事：在精神或俗事方面想得到的成就，親人、朋友或自己的健康長壽，或者任何你想要的事物。帶著這些請求，同時盡量重複誦念度母祈請文，此時可坐著或進行禮拜。

「唵」（*om*）頂禮滅敵天女、解脫眾生之度母，

禮敬「達雷」（*tare*）、救度母、英勇母，

尊以「嘟達雷」（*tuttare*）驅散諸恐懼，

又以「嘟雷」（*ture*）賜予諸利益，

今以「梭哈」（*svaha*）之聲我致敬。

念頌文的同時，觀想度母左手拇指和無名指相連成環的地方發光，甘露由光線上流下來（就像從電線上滴落的雨水）。光線與甘露不停的流，照到也流到你及四周眾生身上，滌淨了你在修練佛法時所遭遇的阻礙，以及解脫與證悟之路上的障難。

請記住你為所有人祈求時，他們的問題；也請想想四周有情所遭遇的苦痛及麻煩：戰場上的人感到難過或孤單；還有人充滿怒氣、傲慢或妒忌。當光線和甘露進入他們身與心時，他們所受的苦及苦因都全部澆熄了，一切有情眾生得以完全解脫。

　　心中深信度母已經接受你的請求，讓你的祈求實現了。誦念時，可以把前一半的時間用來觀想上述的滌淨過程，後一半的時間則觀想你和眾生都與度母合而爲一：隨著每句頌文，你前方的度母會自身上放射出相同模樣的度母，融入你與每個人的體內，你們都與度母殊勝的身、語、意完全合而爲一。

### 迴向

願我藉此善行之功德，
能速速臻於度母之境，
並帶領一切眾生，無一例外，
到達證悟之境。


菩提心妙寶，
未生願令生，
已生令堅固，
已固令增長。

## 咒語說明

　　「唵」由三個音構成：啊（*ah*）、喔（*oh*）及嗯（*mm*），代表了證悟者身、語、意之無量特質。根據佛陀密續上的教法，「唵 達雷 嘟達雷 嘟雷 梭哈」這句咒語所涵蓋的各條路徑，可將我們的心帶往全知的境界。我們若在心中實現這些路徑，便可滌淨自己的身、語、意，並轉化爲度母殊勝的身、語、意。

在此，「唵」是目標，「達雷 嘟達雷 嘟雷」是路徑。

「達雷」：「救度者」（Tara，即度母），通常意味著解救人脫離不幸的再生及輪迴的苦痛，以及涅槃之路上細微難辨的陷阱。

儘管人可以讓自己自輪迴中解脫並臻於涅槃，但要將自己從此一喜樂安詳的境界中起身，開始為有情眾生做事，卻需要較長的時間。然而，與得證後為他人努力的動機相比，只為自己證得涅槃的目標實在過於侷限，因此，度母讓我們不僅解脫輪迴，也解脫喜樂的平安境界，帶領我們達到證悟。

這就是咒語中第一個「達雷」的一般意義，代表了所有我們應該解脫的事物、解脫之道，以及度母帶領我們前往的目標：證悟的全知境界。

然而，此處「達雷」解釋為脫離於輪迴，即四聖諦的第一項——生之苦痛。

「嘟達雷」：「掃除所有恐懼」。據說度母可掃除我們的八種「恐懼」，或者說八種妄念之苦，而每一種都可比喻為一種外在的恐懼來源：執著之苦，就像大洪水；憤怒之苦，就像火；無明之苦，如同大象；妒忌之苦，如同蛇；傲慢之苦，如同獅；吝嗇之苦，如同鐐銬；錯誤見地之苦，如同竊賊；疑心之苦，如同鬼魅。我們若得到度母的庇護，誦念其咒語，修練其方法，她便能讓我們不再受到妄念於內在煎熬之苦，也不再受到外在的災害，如洪水、火災、竊賊。

因此，由於誦念「嘟達雷」，度母讓我們解脫了真正的苦因

（四聖諦之第二項）——業及造業的妄念。我們的恐懼被驅走，表示度母帶領我們所走的道是眞正的道，也就是究竟的佛法，是能眞正解除苦因的藥方。

「嘟雷」：「帶來所有成就」。在此，成就指的是修行者的目標，相應的有三層動機：初級動機的目標——好的出身；中級動機的目標——涅槃；高級動機的目標——證悟。「帶來所有成就」也表示在此生中的一切追尋都可成就：人際關係、商場、爲自己的修法找到完美條件、實現修法的目標。

「梭哈」：如上面說明的，咒語從「唵」到「梭哈」的每個字都有特定的作用，都帶來極大的好處，因此，「我們對『梭哈』及其餘音節都致上最高敬意」。

「梭哈」本身意味「願度母在『唵 達雷 嘟達雷 嘟雷』咒語中所給的加持，可在我們心中生根不移」。我們若希望園子裡能長出蘋果，便應種下蘋果樹根；同樣的，我們若想得證，便應在心中種下此路徑的根，而此根就在「唵 達雷 嘟達雷 嘟雷 梭哈」咒語中。向度母祈求，誦念其咒語，我們得以接收她所給的加持；她的加持進入我們心中，讓我們心裡生出整個通向證悟的道。心中有了道（方法及智慧），我們不純淨的身、語、意便能夠得到滌淨，轉化爲度母殊勝的身、語、意。

# 金剛薩埵懺罪禪修法

　　當我們坐下來禪修時，為什麼心思會無助的四處遊走？控制自心，進而得悟，為什麼這麼困難？我們甚至可能會想，在沒做禪修前，事情似乎還簡單些呢！

　　轉化自心並不容易，遇到障礙及問題更是毫不奇怪。我們並非缺乏智慧或能力來好好禪修並深入自心；我們會分神是因為妄念，亦即扭曲的概念和情緒（從無始以來到現在，這些便一直在累積）所具有的負面能量。

　　當我們坐下來禪修，在身體上，此一能量便以不適或過動的型態展現；在心理上，則以昏沈、激動、緊張、懷疑的型態出現。我們的智慧之火雖存在卻微弱，無法與負面能量所帶來的黑暗風暴相抗衡。

　　要讓風暴平靜下來，要滌淨阻擋我們往證悟邁進的負面能量，都有可能做到。有個與金剛薩埵相關的金剛乘修行法，特別具有這方面的力量。據說在燒去妄念及負面能量上，其效力就如同足以燒毀數千畝森林的大火般。

　　業（參閱第 90 頁）的特性之一就是會隨著時間而增長，就像果樹的種子會長大並生出許多果實一樣。因此，為了避免負面行為帶來的結果不斷增加，很明顯的，必須滌淨負面的身、語、意在自心所留下的印記。

　　每天睡前誦念金剛薩埵咒語至少二十一遍，據說可使當天負

金剛薩埵，淨化之佛

業之力不致增長。在條件及心正確的狀態下誦念十萬遍，則可完全滌淨所有負面印記。

　　將負面業力完全淨化，可確保我們不用經受過往負面行為的結果，不過這需要強烈而純淨的懺悔。大致來說，這項修行屬於內在修練，有四個步驟，即所知的四種對治力（參閱第102頁）。

　　此處這兩種由梭巴仁波切所作的禪修法，結合了金剛薩埵的觀想和四力；其一是在以坐著的方式進行，另一個則是在禮拜時進行。

## 坐時的練習方式

### 1. 依靠的力量

　　觀想你頭頂上方約四吋（十公分）處有一朵開放的白蓮花，上面有月輪，再上面則坐著金剛薩埵。他全身白色，呈半透明，穿戴有美麗的飾物及天絲所作的衣裳。這個觀想形象的任何一個面向，在本質上都是光。金剛薩埵有兩隻手，交錯於胸前：右手握金剛杵，象徵大喜樂；左手握鈴，象徵空性的智慧。金剛杵和鈴共同意味著他已達證悟之境，是智慧與形體（色身）不可分割的結合。胸口有個月輪，中心是種子字「吽」，邊緣以順時鐘方向鑲著金剛薩埵咒語的百字咒。

　　在心中如此清晰的觀想，並誦念以下祈請文。

#### 皈依及發菩提心

我皈依殊勝三寶；

為使一切有情得到解脫，

並引領他們得證；

我如是發圓滿菩提心。

（如是三回）

## 2. 後悔的力量

帶著深深的悔意，回想自己所造的種種負面行為，然後深思以下文字的涵義：

> 我自無始以來所積累的負業，就像偉大國王所擁有的財寶那樣多。儘管每項負面行為都會帶來無數長久的苦痛，而我仍不斷努力在做的，卻似乎就只有負面行為。儘管我嘗試避免不善之行，修持正行，然而負面種種與道德墮落仍不分日夜、無時稍歇地如下雨般落在我身上。我沒有能力將這些過失滌除盡淨；若心中帶著這些負面印記而突然死去，會以不幸的出身來投胎。我能做些什麼？請您，金剛薩埵，請以大悲心帶我脫離此悲慘之境！

## 3. 補救的力量

　　觀想從金剛薩埵胸口的「吽」字所散發的光芒照耀各處，同時請求諸佛賜予加持。他們收到了請求，散發出白色光和甘露，甘露的本質就是諸佛身、語、意的知識。光芒和甘露就像下著奶水的雨那樣落下，融入金剛薩埵胸口的「吽」字與咒語文字中。他莊嚴的身軀被完全充滿，外貌更加莊嚴，也使咒文的亮度增高，直到如有十萬顆月亮的光芒映照在雪山頂般光亮為止。

　　接著，在誦念金剛薩埵咒語的同時，觀想從金剛薩埵胸口的「吽」字和咒文處不斷有白色光與甘露流出，穿過你的頭頂，充滿你的身與心，帶來無窮的喜樂。

　　也可以只誦念短咒「嗡 哇加薩埵 吽」（*om vajrasattva hum*），但百音節的咒語則是非常建議採用的。


　　唵 哇加薩埵 撒嗎呀 嗎努 帕啦呀 / 哇加薩埵 爹諾 帕迪它 地斗 每 巴哇 / 蘇頭 卡幽 每 巴哇 / 蘇波 卡幽 每 巴哇 / 啊奴 拉多 每 巴哇 / 撒哇 席低 每 帕 呀 叉 / 撒哇 卡嗎 蘇 叉 每 / 濟當師利 洋 庫魯 吽 / 哈 哈 哈 哈 吙 / 巴嘎旺 / 撒哇 達塔嘎達 / 哇加 嘛 每 姆 叉 / 哇加 巴挖 嗎哈 撒嗎呀 薩埵 / 啊 吽 呸 /

　　（*om vajrasattva samaya manu palaya / vajrasattva deno patitha dido may bhawa / suto kayo may bhawa / supo kayo may bhawa / anu rakto may bhawa / sarwa siddhi may par ya tsa / sarwa karma su tsa may / tsi tam shri yam kuru hum / ha ha ha ha ho / bhagawan / sarwa tathagata / vajra ma may mu tsa /*

*vajra bhawa maha samaya sattva / ah hum pay /*）

　　持續誦念咒語，並觀想光芒與甘露持續流出，同時也觀想以下四種形象。

　　**淨身**　　你所有的妄念與負面行為，特別是身體上的，都變成黑色墨水，而鬼靈所致的病痛及折磨則變成蠍、蛇、蛙、蟹，都像排水溝所排出的污水那樣，全部經由下身的孔洞被光芒與甘露沖出體外。如今你完全沒有這些問題了；全身上下已遍尋不著了。

　　**淨語**　　你在言詞上的妄念與負面印記成了液態瀝青，光芒與甘露注滿了你的身體，就像水注滿一只骯髒的杯子那樣；負面種種就像杯中的污泥滿出一般，自你上身的孔洞流出。你完全沒有這些問題了；到處都找不到了。

　　**淨意**　　你在心靈上的妄念與負面印記以胸中黑影之形現身，當強烈的光芒與甘露衝擊著黑暗時，便同時將其淨除了。你完全沒有這些問題了；哪裡也找不到了。

　　**同時滌淨**　　最後，你可以同時觀想這三種滌淨過程，如此來淨除那些讓你無法正確看出實相的細微障礙。你再也沒有這些問題了；到處都不存在了。

　　如果你的時間不夠或覺得懶懶的，無法完成上述觀想，這裡有個簡化的觀想方式：

　　你自無始的前世所積累的一切妄念與負面種種，以胸中黑影

的型態現形了。在你誦念咒語的同時，無量而強力的白色光芒及甘露自金剛薩埵的胸口湧出，穿入你的頭頂，胸口的黑影同時便被驅散了，就像打開燈時，房子裡的黑暗便消失那樣。

### 4. 決心的力量

向金剛薩埵應許如下，同時也指出遵守此承諾的期間：

「從現在開始，我將不再從事這些負面行為，直到……」

金剛薩埵十分欣喜，並說：「善之子，你過去所有負面行為、障礙、未恪守的誓言，如今都已全然滌淨。」

接著，金剛薩埵化為光，融入你的體內，你的身、語、意與金剛薩埵的身、語、意合而為一，無分無別。

禪修結束時，誦念以下祈請文：

願我藉此善行之功德，
能速速臻於金剛薩埵之境，
並帶領一切眾生，無一例外，
到達證悟之境。

菩提心妙寶，
未生願令生，
已生令堅固，
已固令增長。

## 禮拜時的練習方式

### 1. 依靠的力量

觀想金剛薩埵在你面前，四周則是以人身現形的一切有情。皈依並思索：

> 為了母親般的有情眾生能夠得證這唯一目標，我要轉變自己的身、語、意成為金剛薩埵的身、語、意，我以尊崇的心向您頂禮。

### 2. 後悔的力量

回想你過去在身、語、意三方面所造的負面種種，並感到深深的後悔。

### 3. 補救的力量

頂禮的同時，誦念金剛薩埵咒語，將咒文觀想成白色光芒所組成的文字之流，自金剛薩埵額頭處的白色「唵」字流出，並流入你的額頭，將你體內所有的障礙完全滌淨。

同時，也觀想咒語變成了紅色光芒所組成的文字之流，從金剛薩埵喉部的紅色「啊」字流出，並流入你的喉部，將你口語上的所有障礙完全滌淨。

同時，還觀想咒語變成了藍色光芒所組成的文字之流，從金剛薩埵胸口的藍色「吽」字流出，並流入你的胸口，將你意念上（心中）的所有障礙完全滌淨。

如此淨化自己的同時，也觀想圍繞著你的一切有情也同樣在頂禮，並滌淨自身的身、語、意。

每次頂禮之後，都有一尊金剛薩埵融入你和每一位眾生的體內。要想著，你和眾生的身、語、意都被完全滌淨了，並和金剛薩埵的身、語、意合而為一。

### 4. 決心的力量

結束前，承諾自己不再從事這些負面行為，並觀想金剛薩埵融入你和一切眾生的身體中，並以上述所說（第 239 頁）的兩首迴向文來迴向修行的功德。

## 咒語說明

「唵」：代表了諸佛身、語、意的功德；也代表吉祥的和具有最高價值的人事物。

「哇加薩埵」（即金剛薩埵，藏文：Dorje Sempa）：擁有無二而超越的智慧之勇者。〔譯註：有些藏人會把梵文的「金剛」（vajra）唸成「班雜」（bendza），但此處忠於梵文原音，故音譯為「哇加」，代表空性。〕

「撒嗎呀」：不可違背的誓言。

「嗎努 帕啦呀」：帶領我走上您證悟之道。

「哇加薩埵 爹諾 啪」：為了更靠近金剛莊嚴心。

「迪它」：請讓我安住。

「地斗」：堅定；由於與究竟自性的關連，因而穩固。

「每 巴哇」：請賜予我能力以領悟現象本質。

「蘇頭 卡幽 每 巴哇」：請帶著對我極為賞識的本性。

「蘇波 卡幽 每 巴哇」：願我能處於高度了證的大樂本性
中。

「啊奴 拉多 每 巴哇」：請以慈心本性將我帶往您的境界。

「撒哇 席低 每 啪 呀 叉」：請賜予我種種實際成就。

「撒哇 卡嗎 蘇 叉 每」：請賜予我所有善行。

「濟 當 師利 洋 庫魯」：請賜予我所有您的尊貴功德。

「吽」：種子字，代表金剛莊嚴心。

「哈 哈 哈 哈 吹」：代表五種超越的智慧。

「巴嘎旺」：已破除所有昏昧、獲得一切覺悟、超越所有苦
痛者。

「撒哇 達塔嘎達」：所有如實證入空性虛空者。

「哇加」：無二無別的。

「嘛 每 姆 叉」：勿捨離我。

「哇加 巴挖」：無二無別的本性。

「嗎哈 撒嗎呀 薩埵」：保守誓言、擁有莊嚴心的大勇者。

「啊」：種子字，代表金剛莊嚴語。

「吽」：代表大樂的超越智慧。

「呸」：釐清我們對於樂空無二的超越智慧之理解。也破除

了與該智慧相對的分別心。

　　簡單來說，咒語的意思是：「啊！大勇者，您的莊嚴心處於諸佛的金剛本性之中，已破除了所有障礙，獲得所有覺悟，超越所有苦痛，如實善逝──請勿捨離我，而要依您誓願所言，度脫我。」

# 大乘八戒

　　要消除精神領悟上的障礙，最有效的方式就是守誓，或者說守戒。這裡所說的障礙，是指身、語、意三方面不夠善巧的行爲在心識之流所留下的印記。當我們有所覺知的避免犯下負行後，很自然的就不會再造出障礙；若能將過往產生的印記也滌淨，便可將我們的心清理乾淨而能達到開悟。

　　佛教的誓約有各種層次，如僧尼要守一輩子的具足戒、沙彌和沙彌尼所守的戒，還有在家眾所守的戒。以正式的儀式在師父或觀想的諸佛面前受戒，被認爲要比只是非正式的讓自己避免某些行爲來得更有實效及意義。此外，受戒時若能以大乘的菩提心（也就是爲了一切眾生的福祉）作爲發願動機，還會有無窮盡的裨益。

　　在受戒之前，先對守戒的好處及破戒的壞處（以下說明）加以研究，是很重要的，這樣才能讓你對自己要做的事有完整了解。


　　大乘八戒是一組任何人可在二十四小時期間進行守戒的誓約。隨時可以受戒，但建議的時間是月之朔、望及上、下弦時。儀式應在日出之前的清晨進行（或者「天色尚早，還無法看清掌紋時」），並守戒直到翌日日出爲止。

　　第一次受戒時，應由受過此一修行之口傳承的人授予，並將

此人視同佛陀，心中想著自己向他許諾。往後，你便可自行行如此的儀式，或在師父或佛陀的像前誦讀祈請文，並想像佛陀本人在面授你這些戒律。

這天當中，你若犯了任何一條戒律，應盡快以四種對治力（參閱第 102 頁或第 242 頁）來滌淨此一罪過。當較熟悉修行方式後，在大意或不知覺之下發生破戒的情況便會減少。

**守戒的好處**　佛陀說過：「守戒的好處，比在如恆河沙那般多的萬古長時中，對諸佛做出無數供養所帶來的好處還要大得多。」據一位偉大的印度梵學家說：「持守八戒僅只一日所帶來的好處，要比做一百年慈善所得還來得大。」

藉由守戒，我們可以培養清明不亂的心，讓禪修更為容易；也避免下一世有不幸的出身，得以投胎為人並擁有修法的必要條件；且在來世能遇到圓滿的上師，有機會受到更深入的教法以獲得精神上的開悟。未來佛彌勒說過：「任何人跟隨釋迦牟尼佛持守八戒，都將投胎在我身邊。」且我們可因而脫離輪迴，並最終得證，得以實現佛陀殊勝身、語、意的圓滿與知識。

**破戒的壞處**　在承諾了不做某項負面行為後卻做了，要比在一般情況下做該行為所造的負業還來得大。在我們守戒之前，應要清楚理解這點。受戒後又破戒，相當於欺騙了諸佛；甚至，由於受戒是為了利益眾有情，破戒也如同欺騙了眾有情。此種過失在心識之流留下深刻的負面印記，並招致將來的不幸。

一旦破了戒，便不能得到前述的好處。此外，還會在輪迴中

停留更久些，且要承受不幸出身的痛苦。即使我們接近證悟，破戒仍會使我們忘卻已經開發出的洞見，因此，對守戒有著正確認識並嚴肅看待是必要的。

## 八戒

1. 戒殺生，亦即使另一眾生直接或間接死亡。

2. 戒偷竊，亦即不經允許便拿走別人擁有的有價值物品，包括借用卻不打算歸還的行為。

3. 戒性交和任何其他形式的性接觸，包括自慰。

4. 戒說謊，亦即以身、語、意的行為欺騙他人，或指使別人替你說謊，包括有含義性的說謊，例如，對問題保持沈默，讓別人做出錯誤推論。

5. 戒癮物，亦即酒、煙、享樂之用的藥物等。

6. 一日內戒食一餐以上，且這一餐應在午前食用，若停止進食超過半個鐘頭便算用餐完畢，之後可飲用如茶和咖啡等輕飲料，但不可飲用未經稀釋的全脂牛奶或帶果泥的果汁。同時，不可食用特定的禁忌食品，如肉、魚、蛋、蔥、蒜、蘿蔔。

7. 戒坐於高而價昂的床上，或帶著傲慢之心落坐。華麗或鑲有寶石及上面覆有動物皮毛的座位也不適宜。

8. 戒穿戴珠寶、噴香水或穿戴類似裝飾物，且不可在唱歌、跳舞或演奏音樂時心生執著。

所做行為需符合以下四個條件時，才算破戒：

1. 行為動機需為負面心態，如執著、厭惡等。
2. 行為需有對象，例如，被殺之眾生、被偷之物等。
3. 此人需做了該行為或教唆他人做該行為。
4. 行為必須已經完成，例如，你所殺的人需在你死之前便已死去，或需想著所偷的東西「是我的」。

　　情節輕重由這四個要素的程度來判定。例如，盛怒之下的行為要比出於無知的同樣行徑來得嚴重，殺人要比殺昆蟲來得嚴重。要更完整了解此一主題，可研讀業（因果定律）。

## 儀式

　　前行祈求，站著說：

### 皈依上師

上師為佛亦為法，
上師亦是僧伽者；
上師乃諸利樂源；
一切上師我皈依。
（如是三回）

## 發菩提心

為令自他得佛果，

我發求證菩提心。

（如是三回）

## 清淨四周

願大地遍處皆淨，

無石礫等堅粗硬。

願遍處具琉璃性

亦如手掌般柔順。

## 供養祈請文

願此人天之供養，

無論實設或意變，

無上普賢供養雲，

遍滿虛空盡十方。

## 加持與增長供養之咒語

唵 拿摩 巴嘎哇喋 哇加 薩拉 普拉瑪達捏／達塔嘎達呀
／啊哈喋 散呀散 部達呀／達呀塔／嗡 哇加 哇加／嗎
哈 哇加／嗎哈 帖加 哇加／嗎哈 維迪呀 哇加／嗎哈 撥
迪戚塔 哇加／嗎哈 撥迪 面兜 帕桑 克朗嗎哪 哇加／薩

瓦 卡嗎／啊瓦 拉哪 維休 達哪 哇加 梭哈／（如是三回）

（*om namo bhagavate vajra sara pramardane /
tathagataya / arhate samyaksam buddhaya / tadyatha
/ om vajre vajre / maha vajre / maha teja vajre / maha
vidya vajre / maha bodhichitta vajre / maha bodhi
mändo pasam kramana vajre / sarva karma / ava rana
visho dhana vajre svaha /*）

## 表顯真諦力

殊勝無上三寶真諦力，
一切世尊菩薩之加持，
圓滿二積聚之大財富，
清淨不可思議現象界；
依上願此眾多供養雲，
聖普賢、文殊等菩薩所轉化，
藉此如是供養得生起，
離想像、永不竭、等虛空，
十方諸佛菩薩能見納。

## 祈請

庇佑一切眾生之怙主，
摧毀棘手魔王魔軍之聖者；
圓滿了知一切之智者：

薄伽梵與眷屬請駕臨。

然後，行三次禮拜，同時誦念以下咒語：

唵 拿摩 曼殊師利耶 拿嗎 蘇師利耶 拿嗎 烏它嗎 師利耶 梭哈
（*om namo manjushriye namah sushriye nama uttama shriye svaha*）
（意譯如下，不必唸誦：唵 向尊貴可愛的那位致敬；向極尊貴者致敬；向最尊貴者致敬 梭哈）
接著，覆誦以下祈請文三回，同時頂禮，然後坐下：

致吾上師、創教師，
世尊、如來、阿羅漢，
圓滿成就之覺者，
尊貴調御大丈夫、釋迦牟尼佛尊者，
向您頂禮與獻供，並祈求您能庇護。
請您賜我諸加持。

## 七支祈請文

我以身語意虔敬頂禮；
獻上實設、意變供養雲；
發露無始以來所造惡
隨喜聖者凡眾諸功德。

祈請住世直至輪迴止，
並請為利眾生轉法輪，
自他功德迴向大菩提。

## 供養曼達

香塗地基妙花敷，
須彌四洲日月嚴：
觀為佛土以奉獻。
有情咸受清淨剎。
我所愛、惡、不識者——友人、敵人、陌生人——
及我身、財、諸享樂；
不覺失落，盡獻出。
祈請欣喜而納受
加持我離於三毒。


依當 咕如 拉那 曼達拉康 尼呀他呀咪
（*Idam guru ratna mandalakam niryatayami*）
（我將此鑲著珠寶的壇城敬獻予您，如珍寶的上師。）



## 受戒

　　好，起身，行三次敬拜禮。再來，以右膝跪下，雙手合十，
頭部則向前敬禮。觀想觀音上師在你面前，對受戒心生深切菩提

心，並誦念以下祈請文三回：

十方諸佛菩薩，請聽我言。正如前行之如來、殺敵者、
圓滿成就之諸佛，他們如神聖的智慧馬和大象那樣，
做了該做的，行了該行的，聲言所要承擔的，故為己
謀得福祉，將存在之枷鎖完全耗去，言說得以圓滿，
意念徹底解脫，智慧全然超越，且為了眾有情得福、得
度、利眾、讓飢荒不再、使戰爭不再、消除四大之害
（原註：「使戰爭不再、消除四大之害」此二句為梭巴仁波切
於原文之外所另加）、使病痛不再、能完全成就使人證悟
的三十七佛子行、讓無可超越而圓滿完整之證悟得以確
實成就，因此圓滿守住那具恢復力、淨化力的戒；同樣
的，名為〔說你的名字〕的我，從此時起，直到明日日
出，為了眾有情得福、得度、利眾、讓飢荒不再、使戰
爭不再、消除四大之害、使病痛不再、能完全成就使人
證悟的三十七佛子行、讓無可超越而圓滿完整之證悟得
以確實成就，也要圓滿守住這具恢復力、淨化力的戒。

唸完第三回時，心中想著，你已在連續的誦念中受戒，並因
此歡喜。接著，再次生起菩提心的念頭，那為了眾有情得證的熱
切利他之心，同時這麼想：

正如過往的殺敵者棄絕所有身語意之詖行（像取人性

命），為了眾生，我也要在一天之中棄絕這些錯誤行為，將自己徹底獻身於此項修練之實踐上。

## 守戒誓言

從現在起，我不再殺生、偷竊、行淫、妄語。我會避開成癮物品，因其常致誤事。也不坐在位高或價昂的床上。時間不對不吃東西。我會避免歌唱、跳舞、演奏音樂，也不灑香水、戴花環、別飾品。阿羅漢不為惡行，如不取人性命，我也要效法，不做錯事，如不取人性命。願我速速得證，願正在承受各種苦痛的眾生脫離輪迴之汪洋。

## 淨戒咒（破戒時淨化之用）

唵 啊磨嘎 西拉 三巴拉／巴拉 巴拉／嗎哈 書達 薩瓦 帕嗎 嗶部西塔 部紮／達拉 達拉／撒忙塔／啊瓦樓其喋吽 呸 梭哈（如是二十一回）

（*om ahmogha shila sambhara / bhara bhara / maha shuddha / sattva padma bibhushita budza / dhara dhara / samanta / avalokite hum phat svaha*）

## 迴向願文

願我持守無過戒，
以及無瑕諸律儀。

由於清淨無傲慢，
成就持戒波羅密。

無上珍寶菩提心
未生者願能生起；
已生者願不退轉
尚且不斷能增長。

生世不離普賢師，
願得享莊嚴佛法。
成就諸道次第德，
願我速證金剛持。

因我受戒持戒德，
願我與諸有情眾
依著福智大資糧
得證二菩提聖身。

猶如文殊、普賢勇，
了證現象如實性，
迴向功德願遵循
依其圓滿榜範行。
三世善逝與世尊

所稱許最勝迴向，
以此迴向諸善根，
願能成辦諸善事。

行三回禮拜，儀式結束。
然後，請這麼想：

　　這是我為眾有情的平安與快樂所做的奉獻，特定
說，是為了這世界的眾有情。（節錄自梭巴仁波切的講
詞）

　　在這天當中，若萬一破了戒，心裡請感到遺憾，並儘速以四
對治力進行淨化修行（參閱第 102 頁或第 242 頁）。你可以誦念
「淨戒咒」（第 262 頁）二十一回，以取補救之效。
　　這天結束時，如下迴向守戒的功德：

以此功德願我能領悟，
出離心、菩提心與空性，
為利有情而速速得證。

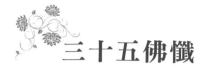# 三十五佛懺

　　想要在證悟之道上逐步前行，純潔的道德戒律是主要的部分。道德戒律作爲六圓滿（即菩薩修行的項目）之一，要人做出正行，並避免負面行爲與違誓，當出現這些狀況時要加以淨化。向三十五佛懺悔及禮拜的修行法（也稱爲「菩薩破戒懺」），是衆多的滌淨法之一。

　　只有運用四對治力（參閱第 102 頁或第 242 頁），才能徹底滌淨負面行爲。懺悔文中便提到這四力：皈依上師、諸佛、法、僧（依靠力）；誦念三十五佛的名號（補救力）；回想過往所爲之負行（後悔力）；以及這句話「……從今以後我承諾不再有這些行爲」（決心力）。要讓這四種力徹底發揮力量，首先必須生起純淨的菩提心，以作爲修練此法的動機。

　　若能如下安排來進行修練，會特別有效：早上起來的第一件事，就是滌淨夜間所造的負面種種；晚間所做的最後一件事，就是滌淨日間所造的負面種種。最有效使用懺悔文的方式，就是一邊誦念，心中一邊觀想三十五尊佛，並以身體禮拜（參閱第 197 頁）。這樣做可讓身、語、意都參與淨化的過程。

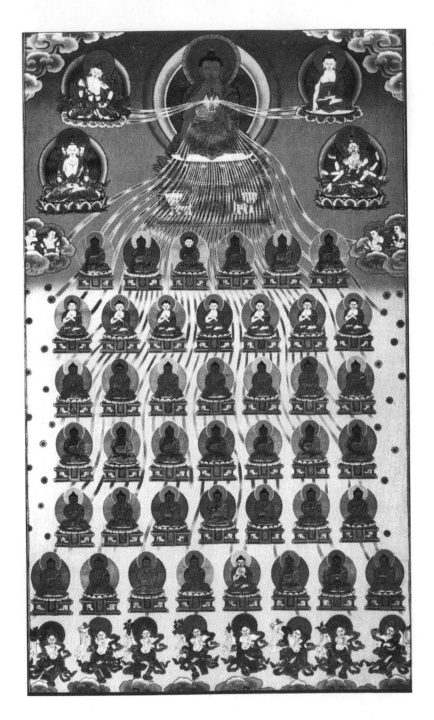

三十五佛懺

## 練習的方式

　　觀想三十五尊佛。第一尊是釋迦牟尼佛，觀想他出現在面前，稍高於你頭部的高度，坐在鑲飾著珍珠的寶座上，寶座由一頭白象馱負著。白色的珍珠象徵負面種種已完全滌淨，而強壯的大象則象徵此滌淨力量之大。釋迦牟尼佛呈趺坐，著僧袍，右手觸地，左手置於下襬，托著一碗甘露。

　　自釋迦牟尼佛的胸口射出三十四道光芒，每道光芒的前端有個白象馱著的鑲著珍珠的寶座，這些寶座在世尊下面排成五排，其上便趺坐著所餘三十四尊佛。他們的相貌類似僧侶，但各排諸佛在體色與手勢上都不相同。第一排的六尊佛，體色都是深藍色（除了第三尊佛龍自在王佛有張白臉），手勢則跟世尊一樣。

　　第二排有七尊，體色為白色，雙手握拳在胸，一手上一手下，食指皆向上指，上手握著下手的食指。

　　第三排的七尊佛是黃色的，左手如打坐時般放在下襬，右手則呈施予最高證悟的姿勢（如度母，第 171 頁）。

　　第四排的七尊佛是紅色的，雙手如打坐時的姿態。

　　第五排的七尊佛是綠色的，左手如打坐時的姿態，右手則是給予庇護的姿勢（放在胸口，手掌向外打開）。

　　要觀想每一尊佛的不同顏色及手勢，確實有困難，但別擔心，只要能想像他們在那裡，帶著慈悲心，微笑地看著你，同時散發著光芒，就可以了。

　　說出三十五佛的名號，能夠淨化大量負面業力和障礙。你若

不記得這些名號，可以把打開本書放在身邊的桌上，每念一尊佛的名號就行一次禮拜。若可以的話，在禮拜的同時可盡量多念幾次他的名號。誦念名號時要做多少次禮拜都可以。然後，這部分結束時，坐下或跪下來念剩餘的祈請文。

　　禮拜時，可以觀想自己各個前世的身軀和一切有情都圍繞在身邊，他們也和你一起禮拜。誦念祈請文時，諸佛發光，將你與周遭所有眾生身、語、意所含的負面種種都加以滌淨。你們的負面印記立即消失，正如房裡的黑暗在開燈的剎那便消失無蹤一樣，因而令你感到身心的本質全然變得空無一物且純淨。

　　首先，行三次禮拜，每次都同時誦念以下咒語，這樣可增進禮拜的益處：

唵 拿摩 曼殊師利耶 拿嗎 蘇師利耶 拿嗎 烏它嗎 師利耶 梭哈
（*om namo manjushriye namah sushriye nama uttama shriye svaha*）

　　繼續禮拜，並誦念以下皈依文三次，並誦念三十五佛名號一回或三回：

我，（說出你的名字），不論何時，
皈依上師；
皈依佛；

皈依法；

皈依僧。

（如是三回）

頂禮佛祖，世尊，如來，阿羅漢，明行圓滿，調御丈夫
釋迦牟尼佛。

頂禮釋迦牟尼佛

頂禮金剛堅固能摧佛

頂禮寶焰佛

頂禮龍自在王佛

頂禮勤勇軍佛

頂禮勤勇喜佛

頂禮寶火佛

頂禮寶月光佛

頂禮不空見佛

頂禮寶月佛

頂禮無垢佛

頂禮離垢佛

頂禮勇施佛

頂禮淨行佛

頂禮梵施佛

頂禮水王佛

頂禮水天佛

頂禮賢吉祥佛

頂禮無量威德佛

頂禮栴檀吉祥佛

頂禮光吉祥佛

頂禮無憂吉祥佛

頂禮那羅延吉祥佛

頂禮華吉祥佛

頂禮蓮華光遊戲神通佛

頂禮財吉祥佛

頂禮念吉祥佛

頂禮善稱名號吉祥佛

頂禮帝幢幡王佛

頂禮鬥戰勝佛

頂禮勇健吉祥佛

頂禮勇健進佛

頂禮普遍照曜莊嚴吉祥佛

頂禮寶蓮華遊步佛

頂禮寶蓮華妙住山王佛


如是等十方一切世界中諸佛世尊。

出現世間住持遊行。

願皆觀察哀愍於我。

我或今生或於餘生。

無始時來廣作眾罪。

或自作或隨喜作或教他作。

或偷盜佛物四方僧物。

或自作或隨喜作或教他作。

或造五無間罪十不善業道。

或自作或隨喜作或教他作。

由此業障覆蔽身心生於八難。

或墮地獄傍生鬼趣。或生邊地及彌戾車。或生長壽天。

設得人身諸根不具。或起邪見撥無因果。

或厭諸佛出興于世。如是一切業障。

我今對一切諸佛世尊。具一切智者具五眼者。

證實際者稱量者。知者見者前。

我今誠心悉皆懺悔不敢覆藏。願我尸羅律儀復得如故。

復願諸佛世尊攝受護念證明於我若我今生或復餘生。

無始時來於流轉生死。

或曾捨施傍生一團之食。或曾持一淨戒。或曾修梵行善根。

或曾修少分無上智善根。悉皆合集計校籌量。

如三世一切諸佛於最勝無上迴向願中。

願皆迴向無上正等菩提。


一切罪懺悔　　諸福皆隨喜

及勸請諸佛　　願證無上智

過去及未來　　現在人中尊

無量功德海　　我今稽首禮

## 迴向

　　結束前，為了眾生的利益，將為達證悟而創造的正面能量迴向給眾生。如果你想要，可以誦念第 193 頁的迴向文。

# 迴向

給眾生
願他們不再困惑
心中滋長慈愛與智慧
願他們變得完整而自由

# 名詞解釋

佛龕，佛壇（altar） 在桌面或其他平面上放置代表佛的身、語、意之表徵物，以及修行者對此所做的每日供養。

阿羅漢，羅漢（arhat〔梵文〕） 殺敵者。已得解脫（得度）者。

聖者（arya〔梵文〕） 尊貴的眾生；對空性已有直接洞見，因此已斷輪迴之根者。

慾念；執著（attachment） 此種擾人的情緒或妄念是造成日常生活苦痛的主因，帶來憤怒、妒忌、傲慢、沮喪及其他妄念。

阿底峽（Atisha） 十一世紀的印度學者暨修行者，他在西藏度過生命最後十七年；著作豐富，包含《菩提道燈論》，此書帶動了菩提道次第傳承的出現。

無始以來經歷的各次生命／無始的心／無始的時間（beginningless lives/mind/time） 據佛陀所說，並沒有創世者存在，且所有現象都根據因果自然律而發生，因此，所有現象並沒有開端，沒有起始的肇因；也就是說，所有的現象是無始的。

世尊，薄伽梵（bhagavan〔梵文〕） 佛的稱號之一，是「已經克服所有障礙，得到領悟，超越世間」的意思。

菩提心（bodhichitta〔梵文〕） 源自真誠的慈心及悲心而熱切想要成佛以利益眾生的心意。

菩薩（bodhisattva〔梵文〕） 因著菩提心，生生世世只為別人的利益而努力的人。

佛，佛陀，浮屠，佛圖，菩提（buddha〔梵文〕） 覺醒者；全然開悟者；臻於圓滿且悲、智皆已圓熟，因此足以圓滿地利益眾生。我們這時期的佛就是眾所周知的釋迦牟尼佛。

佛地，佛田（buddhafield） 淨土。脫於輪迴之外的生存狀態，一切條件皆有利於得證。

佛果（buddhahood） 參閱「證悟」（enlightenment）條。

因果（cause and effect） 參閱「業」（karma）條。

中脈（central channel） 根據密續，是心靈－神經系統的主要通道，

從頭頂向下延伸，位於脊柱前方。

脈輪（chakra〔梵文〕）　字面上是「輪」的意思。在心靈－神經系統中，位於能量集中的中脈其中幾個地方。

悲，悲心（compassion）　對於他人的苦抱持著同理心；願別人可以離苦的衷心希望；若在大乘之道上，則可帶出菩提心。

約定俗成上（一般所謂）的存在／實相（conventional existence/reality）　參閱「依他起」（dependent arising）條。

輪迴（cyclic existence〔梵文：samsara〕）　死亡及再生的循環，充斥著苦痛與不滿足，主因為無明。

法王達賴喇嘛（Dalai Lama, His Holiness the）　西藏民族在世間及精神上的領袖，被認證為觀音（悲心之佛）的化身。當世的達賴喇嘛是傳承中第十四位，一九三五年出生，目前仍領導位於印度達蘭沙拉的流亡政府。

本尊（deity）　在密續中，也就是佛。

錯誤見地，誤解，妄念（delusions）　擾人情緒；負面的心神狀態；負面想法；負能量；不善之心狀態。如執著、憤怒、傲慢、沮喪等心狀態，皆源自最根本的錯誤見地——無明；無明導致自己受苦，因而使他人也一起受苦。錯誤的見地與業，都是受苦的主因。

依他起（dependent arising）　互依性。任何一般所謂的事物存在的方式：事物乃基於各種因素才出現，並非自行發生；這證明了事物的空性。

法（Dharma）　性靈上的教誨；任何可讓人脫離苦及其因的知識或方法。

空性（emptiness）　萬事萬物存在的究竟道理：亦即，事物不具備固有的存在，不會自行出現，也不會獨自存在，且沒有自屬的本性。對空性的禪修中所開發出的智慧正好和心中的無明相反，後者使我們相信所有事物都是本來就存在的。

證悟（enlightenment）　佛果；圓滿；所有妄念均得消除，包括根本的

無明，且發展出所有正面特質；悲智兩者的全面開發。這是眾生內在的潛能。

信心（faith）　對於具有卓越特質或能力的某人某物所抱持的信心。

殺敵者（foe destroyer）　參閱「阿羅漢」（arhat）條。

四聖諦（four noble truths）　釋迦牟尼佛的教導之一，內容是 (1) 世間有苦，(2) 苦起有因，(3) 苦可不再，(4) 離苦有法。（譯註：簡言之，即所謂「苦集滅道」。）

四對治力（four opponent powers）　後悔，依靠，補救，決心：滌淨負業的修練上所培養出來的四種心態。

護持大乘法脈聯合會（Foundation for the Preservation of the Mahayana Tradition, FPMT）　由藏傳佛教的中心和相關活動所組成的世界性網絡，為圖敦·耶喜喇嘛於一九七五年所成立，現在由圖敦·梭巴仁波切提供精神上的指導。

菩提道次第，次第道（graduated path to enlightenment〔藏文：lamrim〕）　最早由十一世紀印度大師阿底峽所提出的佛法教導，概述證悟之道上發展進程的各階段。

上師（guru〔藏文：lama，意思是「擁有許多特質」〕）　精神上的老師。

上師瑜伽（guru-yoga）　看待自己的上師為佛的修行方式。

無明（ignorance）　緊抓住自我的心態。這是最根本的錯誤見地；是輪迴的主因，因此也是受苦的主因。深深抱持萬事萬物「本來就存在，可自行出現，可獨自存在，且有自屬的本性」的假想，可以智慧來對治。

本來就可存在，固有的存在（inherent existence）　參閱「無明」（ignorance）條。

拙火禪修（inner heat meditation）　密續中用來駕馭執著能量的禪修方式。

業（karma〔梵文〕）　字面意思是「行動」。因果律：指身、語、意的善行帶來快樂，不善之行帶來苦痛此一自然過程。

喇嘛（lama〔藏文〕） 參閱「上師」（guru）條。

次第道（lamrim） 參閱「菩提道次第」（graduated path to enlightenment）條。

解脫（liberation〔梵文：nirvana〕） 脫離苦痛及其因（妄念及業）。

婁炯（lojong〔藏文〕） 參閱「修心」（thought transformation）條。

蓮花坐，趺坐，雙盤（lotus position） 禪修時建議採行的盤腿坐姿，兩腳分別放在另一條腿的大腿上，腳掌朝上。

慈，慈心，愛，愛心（love） 慈愛，真誠希望別人能快樂的心。

大乘（Mahayana〔梵文〕） 字面意思是「大的車輛」。基於菩提心而想成佛的人所學的教法和所做的修行。

彌勒（Maitreya） 在釋迦牟尼佛所教的法消失後，下一位佛。

曼達供養（mandala offering） 在內心將整個宇宙獻出的修練。內曼達（inner mandala）：將自身的妄念和啟動妄念的人事物都奉獻出來的修練。

咒語，咒文（mantra〔梵文〕） 具有力量的文字；在進行某些禪修時所誦念的音節（通常為梵語）。

禪修（meditation〔藏文：gom，字面意義為「熟悉」〕） 對於正面的心狀態逐漸熟悉、深入的過程。

功德（merit） 在身、語、意三方面做善行而在心中產生的正面能量。

正念，全然專注（mindfulness） 指時時刻刻絕不忘正在從事的事之心智能力，可在禪修時特別加以開發及運用。

須彌山（Mount Meru） 佛教宇宙觀中的宇宙中心所在。

負面的心神狀態（negative state of mind） 參閱「錯誤見地」（delusion）條。

涅槃（nirvana〔梵文〕） 參閱「解脫」（liberation）條。

不善（nonvirtue） 由於妄念而在身、語、意三方面所做的負面行為或所造的負業。

善逝（one gone beyond, one thus gone.） 參閱「如來」（tathagata）

條。

受戒（ordination） 正式開始守戒的程序。

正面的心神狀態（positive state of mind） 正能量；對人有益的心神狀
態。

餓鬼（preta〔梵文〕） 一種鬼靈，也是有情眾生，受著極度飢渴的苦。

淨土（pure land） 參閱「佛地」（buddhafield）條。

皈依（refuge） 依靠某人某物的指導及幫助；以佛教來說，人皈依三
寶：佛、法、僧。

棄絕，出離（renunciation） 因為看到輪迴中無法找到真正的快樂或滿
足，而想與輪迴完全斷絕聯繫的態度。

僧（Sangha） 寺廟中跟隨佛之教導的人（廣泛的說，則指在精神上支
持佛法修行的友人）；解脫與證悟之道上所遇到的聖者。

有情（sentient being〔藏文：semchen，字面意義為「有心識者」〕）
任何尚未得到解脫或證悟，仍在輪迴各道（如人道、餓鬼道、畜生道）
中的眾生。

七支（seven limbs） 分成七段的修行法，修行時可七段皆涵蓋，而以
七行祈請文簡要的表達，包含禮拜、供養、懺悔、隨喜、請求諸佛與眾
有情住世、請求佛陀教導佛法，以及迴向功德。

釋迦牟尼佛（Shakyamuni Buddha） 約兩千五百年前誕生於印度釋迦
族的王子，這位「釋迦之賢哲」放棄了他的王國，達到證悟，並教導其
方法，直到八十歲圓寂。

密續（tantra） 金剛乘；咒乘。大乘佛教的高級教法，讓修行者可以迅
速得證。

如來（tathagata） 佛的名號之一，意思是超越所有苦痛及其因（即業
與妄念）。

修心（thought transformation〔藏文：lojong〕） 一種大乘教法，這類
修行方法鼓勵修行者運用受苦的狀態來克服自珍或自私。

三寶（Three Jewels） 佛教徒尋求皈依的對象：佛、法、僧。

三毒（three poisons）　三種最主要的妄念：執著、厭惡、無明。

施受法（tonglen〔藏文〕）　字面的意思是「施與受」。培養慈心與悲心的禪修法，修練時想像著將自己的快樂給予別人（慈）及承擔別人的苦痛（悲）。

宗喀巴（Tsongkhapa）　十四世紀西藏學者、老師、禪修者。

究竟本性（ultimate nature）　參閱「空性」（emptiness）條。

金剛（杵）（vajra〔藏文：dorje〕）　密續中某些佛手中握著的「鑽石節杖」，代表菩提心，通常用來表示「堅不可摧」之意。

金剛坐，趺坐（vajra posture）　參閱「蓮花坐」（lotus position）條。

金剛乘（Vajrayana）　密續之道。

善行（virtue）　身、語、意三方面的正面行為或所造之正業；不是因錯誤見地而起的行為。

誓言（vows）　在行善或修德上相關的承諾。

智慧，智（wisdom）　特定來說，是以禪修來培養對空性（可以對治無明）的領悟。

圖敦‧耶喜喇嘛（Yeshe, Lama Thubten〔1935-84〕）　西藏喇嘛，受教於拉薩的色拉寺大學；一九七五年在尼泊爾加德滿都設立護持大乘法脈聯合會。

圖敦‧梭巴仁波切（Zopa Rinpoche, Lama Thubten）　一九四五年出生於昆布山區（位於尼泊爾），是護持大乘法脈聯合會的精神指導。

# 建議書單

## 佛教入門

菩提比丘（Bodhi, Bikkhu） *In the Buddha's Words*，Wisdom 出版。

圖丹・卻准（Chodron, Thubten） 《開闊心，清淨心》（*Open Heart, Clear Mind*），Snow Lion 出版。中文出版：佛光文化。

達賴喇嘛（Dalai Lama, The） *The Compassionate Life*，Wisdom 出版。

一行禪師（Hahn, Thich Nhat） 《當下自在》（*Being Peace*），Parallax 出版。中文出版：允晨文化。

卡魯仁波切（Kalu Rinpoche） *Luminous Mind*，Wisdom 出版。

艾雅・凱瑪（Khema, Ayya） 《禪與自在解脫》（*Being Nobody, Going Nowhere*），Wisdom 出版。中文出版：商周。

傑克・康菲爾德（Kornfield, Jack） 《心靈幽徑——冥想的自我療法》（*A Path with Heart*），Bantam 出版。中文出版：幼獅文化。

化普樂・羅睺羅（Rahula, Walpola） 《佛陀的啟示》（*What the Buddha Taught*），Grove Press 出版。中文出版：飛鴻，慧炬。

索甲仁波切（Sogyal Rinpoche） 《西藏生死書》（*The Tibetan Book of Living and Dying*），Harper 。中文出版：張老師文化。

鈴木俊隆（Suzuki, Shunryu） 《禪者的初心》（*Zen Mind, Beginner's Mind*），Weatherhill 。中文出版：橡樹林。

創巴仁波切（Trungpa Rinpoche） 《突破修道上的唯物》（*Cutting Through Spiritual Materialism*），Shambhala 。中文出版：橡樹林。

艾倫・華勒士（Wallace, B. Alan） *Tibetan Buddhism from the Ground Up*，Wisdom 。

耶喜喇嘛，梭巴仁波切 《生活中的智慧能量》（*Wisdom Energy*），Wisdom 。中文出版：春天。

## 禪修

約瑟夫‧高斯坦（Goldstein, Joseph） *The Experience of Insight*，Shambhala。

德寶法師（Gunaratana, Bhante Henepola）《平靜的第一堂課：觀呼吸》（*Mindfulness in Plain English*），Wisdom。中文出版：橡樹林。

一行禪師 《正念的奇蹟：每日的禪修手冊》（*The Miracle of Mindfulness*），Parallax。中文出版：橡樹林。

甘‧藍林巴（Lamrimpa, Gen） *Shamata Meditation*，Snow Lion。

巴伯‧夏波（Sharples, Bob） *Meditation and Relaxation in Plain English*，Wisdom。

雪倫‧薩爾茲堡（Salzberg, Sharon） *Lovingkindness: The Revolutionary Art of Happiness*，Shambhala。

艾倫‧華勒士（B. Alan Wallace） 《專注力：禪修10階釋放心智潛能》（*The Attention Revolution*），Wisdom。中文出版：橡樹林。

## 佛陀的一生

凱倫‧阿姆斯壯（Armstrong, Karen） 《眾生的導師佛陀——一個追尋菩提的凡人》（*Buddha*），Viking。中文出版：左岸文化。

一行禪師 《一行禪師說佛陀故事》（*Old Path, White Clouds*），Rider/Parallax。中文出版：法鼓文化。

夏拉‧秋津‧孔恩（Kohn, Sherab Chodzin） *The Awakened One: A Life of the Buddha*，Shambhala。

## 心的本質

拉騰格西（Rabten, Geshe） *The Mind and Its Functions*，Rabten Choeling。

## 菩提道次第

達賴喇嘛　《菩提道次第簡明釋論》（*The Path to Enlightenment*），
Snow Lion。中文出版：唵阿吽。

圖敦‧羅登格西（Loden, Geshe Thubten）　*Path to Enlightenment in
Tibetan Buddhism*，Tushita。

帕繃喀仁波切（Pabongka Rinpoche）　《掌中解脫》（*Liberation in the
Palm of Your Hand*），Wisdom。中文出版：白法螺。

宗喀巴（Tsongkhapa）　*Principal Teachings of Buddhism*，
Mahayana Sutra and Tantra Press。

汪辰格西（Wangchen, Geshe）　*Awakening the Mind*，Wisdom。

嚴喜仁波切（Yangsi Rinpoche）　*Practicing the Path*，Wisdom。

## 修心

佩瑪‧丘卓（Chodron, Pema）　*Start Where You Are*，Shambhala。

達賴喇嘛　《轉念》（*Training the Mind*），Thorsons。中文出版：時
報。

拉騰格西，達耶格西（Geshe Dhargyey）　*Advice from a Spiritual
Friend*，Wisdom。

蘇南‧仁欽格西（Rinchen, Geshe Sonam）　*The 37 Practices of
Bodhisattvas*，Snow Lion。

圖敦‧梭巴仁波切　*Transforming Problems into Happiness*，
Wisdom。

## 佛教與心理治療的對話

蓋伊‧克雷頓等人（Claxton, Guy, et al.）　*The Psychology of
Awakening*，Weiser。

馬克‧艾普斯坦（Epstein, Mark）　*Thoughts Without a Thinker*，
Basic Books。

丹尼爾‧高曼（Goleman, Daniel） 《破壞性情緒管理：達賴喇嘛與西方科學大師的智慧》（*Destructive Emotions*），Bantam 。中文出版：時報。

雷密拉‧莫卡寧（Moacanin, Radmilla） *The Essence of Jung's Psychology and Tibetan Buddhism*，Wisdom 。

傑若米‧索福倫編纂（Sofran, Jeremy-editor） *Psychoanalysis and Buddhism*，Wisdom 。

## 其他同類的書

達賴喇嘛 《藏傳佛教的世界》（*The World of Tibetan Buddhism*），Wisdom 。中文出版：立緒。

維琪‧麥肯基（Mackenzie, Vicki） 《少牛耶喜喇嘛》（*Reincarnation*），Wisdom/Bloomsbury 。中文出版：躍昇。

維琪‧麥肯基 《西方的蓮花》（*Why Buddhism?*），Allen & Unwin 。中文出版：躍昇。

東杜法王（Thondup Tulku） 《心靈神醫》（*The Healing Power of Mind*），Arkana 。中文出版：張老師文化。

耶喜喇嘛 《密乘入門》（*Introduction to Tantra*），Wisdom 。中文出版：菩提心。

梭巴仁波切 《滿足之門》（*The Door to Satisfaction*），Wisdom 。中文出版：菩提心。

梭巴仁波切 《愛：最究竟的康復》（*Ultimate Healing*），Wisdom 。中文出版：琉璃光。

## 網站

護持大乘法脈聯合會網址：www.fpmt.org

# 護持大乘法脈聯合會

　　護持大乘法脈聯合會（簡稱護聯會）致力於傳播大乘佛教活用的修行傳統，由佛教中心和相關活動所組成的國際網絡。護聯會由圖敦・耶喜喇嘛於一九七五年成立，如今則由圖敦・梭巴仁波切給予精神指導，包括傳法中心、寺院、閉關中心、出版部門、治療中心、安寧照護所，並進行佛塔、佛像等聖物的建造。

　　若想得知世界各地的中心所在地（多數皆提供禪修課程及閉關活動）及相關活動消息，請向以下地址免費索取《壇城》（*Mandala*）雜誌：

FPMT International Office
1632 SE 11th Avenue
Portland, OR 97214
USA
Tel:(503)808-1588
www.fpmt.org

HOW TO MEDITATE by Kathleen McDonald
© Wisdom Publications 1984 and 2005
All line drawings © Robert Beer, except p.235 © Andy Weber
Painting on page 266 © Peter Iseli
Published by agreement with Wisdom Publications through the Chinese Connection Agency, a
division of The Yao Enterprises, LLC.
Complex Chinese translation copyright © 2021
by Oak Tree Publishing Co., a division of Cite Publishing Ltd.
ALL RIGHTS RESERVED.

善知識系列 JB0048X

# 開始學習禪修

How to Meditate: A Practical Guide

作　　　者／凱薩琳‧麥唐諾（Kathleen McDonald）
譯　　　者／別古
責 任 編 輯／丁品方
業　　　務／顏宏紋
總　編　輯／張嘉芳
出　　　版／橡樹林文化城邦文化事業股份有限公司
　　　　　　104 台北市民生東路二段 141 號 5 樓
　　　　　　電話：(02)2500-7696 傳眞：(02)2500-1951
發　　　行／英屬蓋曼群島商家庭傳媒股份有限公司城邦分公司
　　　　　　104 台北市中山區民生東路二段 141 號 2 樓
　　　　　　客服服務專線：(02)25007718；25001991
　　　　　　24 小時傳眞專線：(02)25001990；25001991
　　　　　　服務時間：週 至週五上午 09:30～12:00；下午 13:30～17:00
　　　　　　劃撥帳號：19863813 戶名：書虫股份有限公司
　　　　　　讀者服務信箱：service@readingclub.com.tw
香港發行所／城邦（香港）出版集團有限公司
　　　　　　香港灣仔駱克道 193 號東超商業中心 1 樓
　　　　　　電話：(852)25086231 傳眞：(852)25789337
　　　　　　E-mail：hkcite@biznetvigator.com
馬新發行所／城邦（馬新）出版集團【Cité (M) Sdn.Bhd. (458372 U)】
　　　　　　41, Jalan Radin Anum, Bandar Baru Sri Petaling,
　　　　　　57000 Kuala Lumpur, Malaysia.
　　　　　　電話：(603)90578822　傳眞：(603)90576622
　　　　　　E-mail：cite@cite.com.my
內　　　文／雅典編輯排版工作室
封　　　面／兩棵酸梅
印　　　刷／中原造像股份有限公司

初 版 一 刷／2008 年 6 月
二 版 一 刷／2021 年 8 月
I　S　B　N／978-986-06555-9-9
定　　　價／320 元

**國家圖書館出版品預行編目資料**

開始學習禪修/凱薩琳 ‧ 麥唐諾（Kathleen McDonald）
著；別古譯 . -- 二版 . -- 臺北市：橡樹林文化 , 城邦
文化事業股份有限公司出版出版：英屬蓋曼群島商
家庭傳媒股份有限公司城邦分公司發行 , 2021. 08
面； 公分 . --（善知識：JB0048X）
譯自：How to meditate: a practical guide

ISBN 978-986-06555-9-9（平裝）

1. 佛教修持　2. 禪定　3. 靜坐

225.72　　　　　　　　　　　110011644